T0283049

claridad
y conexión

claridad
y conexión

una guía sobre la exploración
y liberación del pasado

yung pueblo

Grijalbo

Penguin
Random House
Grupo Editorial

claridad y conexión
una guía sobre la exploración y liberación del pasado

Primera edición: enero, 2022

D. R. © 2021, Diego Perez Lacera, mediante acuerdo con RDC Agencia Literaria S. L.

D. R. © 2022, derechos de edición mundiales en lengua castellana:
Penguin Random House Grupo Editorial, S. A. de C. V.
Blvd. Miguel de Cervantes Saavedra núm. 301, 1er piso,
colonia Granada, alcaldía Miguel Hidalgo, C. P. 11520,
Ciudad de México

penguinlibros.com

D. R. © 2021, Estela Peña Molatore, por la traducción

ISBN: 978-607-381-136-1

Impreso en México – *Printed in Mexico*

Índice

todos los seres humanos
están unidos por
el nacimiento,
la vida,
la muerte y
todas las emociones intermedias

el mayor cambio en tu vida ocurre cuando vas
hacia *adentro*.
entras y observas todo lo que encuentras con
aceptación;
el amor que traes ilumina tu consciencia;
empiezas a ver cómo el pasado está dentro de
tu mente y de tu corazón:
la paciencia, la honestidad y la observación inician el proceso
de sanación.

con tiempo, intención y buenas prácticas de sanación el
pasado pierde su poder sobre tu vida.
continúas el proceso: entrando, sintiendo,
comprendiendo y soltando.
y entonces empiezas a ver los resultados,
ya no eres el mismo.
tu mente se siente más ligera y desarrolla una *claridad*
nueva y nítida.
empiezas a llegar a tu vida y a tus relaciones listo
para una *conexión* más profunda.

consciencia

sánate a ti mismo, pero no te apresures
ayuda a la gente, pero ten límites
ama a los demás, pero no dejes que te hagan daño
ámate a ti mismo, pero no te vuelvas egoísta
mantente informado, pero no te abrumes
acepta el cambio, pero sigue persiguiendo tus metas

la próxima vez que te sientas agitado
porque has recaído en patrones del pasado,
recuerda que el simple hecho de ser consciente de
que estás repitiendo el pasado
es un signo de progreso

la consciencia precede
al salto hacia
tu transformación personal

no es fácil

sanarte a ti mismo
construir nuevos hábitos
observar la realidad sin proyecciones ni ilusiones

es un trabajo que requiere esfuerzo

pero si persistes
los frutos de tu trabajo
tendrán un impacto inmensamente positivo en
tu vida

madurez
es saber que
cuando estás decaído
no debes confiar en la forma
en la que te ves a ti mismo

abandona la idea
de que sanar es olvidar

la sanación real es
no reaccionar a los viejos estímulos
con la misma intensidad que antes

los recuerdos siguen allí,
pero no tienen el mismo poder
en tu mente

pasé años sin saber
que estaba huyendo de mí mismo
siempre buscando compañía o entretenimiento
para no tener que enfrentarme
con las nubes oscuras que se agitaban en mi interior

cada momento era una oportunidad de distracción;
las amistades eran un medio de escape,
el placer era un alivio temporal al dolor

no me daba cuenta de que mis relaciones eran superficiales
por lo alejado que estaba de mí mismo

no entendía por qué la soledad era insoportable
y por qué la «diversión» no podía calmar de forma permanente
las emociones turbulentas

durante demasiado tiempo no fui consciente
de que la única forma de mejorar la vida,
para que mis relaciones se sintieran significativas,
y para que mi mente experimentara por fin tranquilidad
era explorando y abrazando
al ansioso desconocido que habitaba en mi interior

puedes cambiar de lugar,
conocer gente nueva
y seguir con tus mismos viejos problemas.

para cambiar de verdad tu vida
necesitas mirar hacia adentro,
conocerte y amarte
y sanar el trauma y los condicionamientos densos
de tu mente.

es así como llegas a la raíz.
los cambios internos
tienen un significativo impacto externo.

seguía aplastado
por mis propias expectativas

apenas presente
pensando, pero no sintiendo
hablando, pero no escuchando
interactuando, pero no observando

sonriendo para seguir con la actuación

mi corazón luchaba con la gratitud

sin sentirse nunca satisfecho
siempre echando de menos lo que tenía delante

porque mi mente seguía saltando
imaginando qué más podría querer

haciendo que todo lo recibido
nunca fuera tan especial como lo que había imaginado

(desconectado)

después del trauma
cambié a modo de supervivencia

sin saberlo, blindé mi ser con insensibilidad

insensible para dejar entrar a los demás
insensible por mi confusión interior
insensible para aceptar lo que sucedió

sin saberlo, caí en un ciclo de ansia

ansia de seguridad
ansia de alimento
ansia de no más dolor

mis reacciones eran desmesuradas y estridentes
cualquier cosa que no saliera como yo quería
la percibía como una amenaza potencial

mi atención se centró en proteger
mi delicado sentido del yo
tenía poca energía para ponerme
en los zapatos de los demás

necesité la constante sensación
de insatisfacción
y el agotamiento de no sentirme nunca
a gusto
para que empezara a salir
de mi manera disociada de vivir
y finalmente decir «basta»
al estado de defensa constante

(antes de la consciencia)

la resistencia
dentro de tu mente
se seguirá desbordando
en tus relaciones

hasta que proceses
tu historia emocional
y comprendas cómo les da forma
a tu ego, a tu percepción y a tus reacciones

haz lo que es correcto para ti.
hazlo una y otra vez.
inclínate hacia la luz.

sigue adelante aunque sea difícil.
especialmente cuando sea difícil.

no dejes que la duda te detenga.
confía en el proceso cuando tu ánimo esté decaído.

permite que el crecimiento sea tu misión.
permite que la sanación sea tu recompensa.
permite que la libertad sea tu meta.

todo el mundo puede beneficiarse de la autosanación;
incluso aquellos que no han
experimentado un trauma grave
en algún momento han sentido
el aguijón de las emociones pesadas

la mente percibe estos momentos con agudeza
y tienden a propagarse al exterior
impactando el modo en que pensamos, sentimos y actuamos

aunque podemos aprender a lidiar con la tensión mental
y con los cambios inesperados que causan turbación

si miramos más profundamente hacia adentro,
podremos reparar antiguas heridas
y liberar viejos dolores

si miramos más hacia adentro,
podemos tener el valor de *evolucionar*

a una mayor claridad mental
a una mayor felicidad
a una mayor paciencia
a una mayor honestidad
a un mayor amor

cosas esenciales que hay que recordar en los días difíciles:

practica la paciencia
acepta lo que sientes
no te castigues
asegúrate de descansar bien
trátate con bondad
persigue objetivos más pequeños ese día
haz cosas que calmen tu mente
un mal momento no equivale a una mala vida
la lucha puede ser un espacio de crecimiento profundo
este malestar actual no es permanente

antes de que puedas ver
a alguien con claridad
debes ser consciente
de que tu mente filtrará impulsivamente
lo que ve a través de los lentes
de tu condicionamiento pasado
y de tu actual estado emocional

a veces te adentras voluntariamente en el desamor
porque está claro que su tiempo como pareja
ha llegado a su fin. durante un periodo encajaron a la perfección,
pero con el tiempo sus caminos
han empezado a divergir. se ha vuelto demasiado difícil
encontrarse en un punto medio y su corazón
ya no se siente en casa. no hay mucho que puedas hacer
antes de decir basta y tomar una nueva dirección. aunque el futuro
no está claro, sabes que necesitas
avanzar solo para crecer y ser libre.

toma un momento
para entender
cómo te sientes en realidad
en lugar de dejar
que los viejos patrones decidan por ti
es una de las cosas más
auténticas que puedes hacer

unas cuantas veces he construido un hogar con otra persona,
siempre esperando que fuera un refugio duradero.
a medida que las tormentas iban y venían,
los hogares mostraban su debilidad y acababan desmoronándose.
me quedaba con el temor de la tristeza y la sensación de vacío
de los nuevos comienzos no deseados.
finalmente me he dado cuenta de que,
si construyo un hogar dentro de mí,
un palacio de paz creado con mi propia consciencia y amor,
éste puede ser el refugio que siempre he estado buscando.

a veces una persona termina una buena relación
porque las áreas que considera malas
se intensifican por sus problemas personales
que no ha enfrentado adecuadamente. a veces
las personas rompen un hogar porque
no son conscientes de sus proyecciones
y no están preparadas para apreciar lo bueno.

sánate a ti mismo,
no solo para que puedas prosperar,
sino para garantizar que la gente
que se crucen en tu camino en el futuro
esté a salvo de sufrir daños

no es fácil, pero la idea es sencilla:

cuanto más sanemos nuestras propias heridas, será menos
probable que causemos un daño intencionado o no.
la perfección no es posible a nivel interpersonal.
nuestras percepciones individuales
y nuestras emociones cambiantes causarán en ocasiones
malentendidos y daño accidental, pero si podemos
mostrarnos compasivos unos con otros, entonces
podremos remediar el daño que necesita ser atendido.

a menudo entregamos nuestra tensión a los demás
sin comprender que, para empezar, no era nuestra.
alguien nos la pasó, y así se la pasamos a la siguiente
persona, y ésta a la siguiente, hasta que cae
en manos de alguien con las herramientas para procesarla
y dejarla ir. cuantos más de nosotros estemos abiertos
al trabajo interior, más puntos habrá en la gigantesca red
de la humanidad donde el daño ya no pueda extenderse.

la consciencia necesaria para dejar de causarnos daño
a nosotros mismos y a los demás no consiste solo en conocer
nuestra propia mecánica interna, nuestros traumas,
los momentos en los que nos proyectamos o cómo nuestras
reacciones repercuten en nuestras percepciones.
también se trata de tomarnos el tiempo para comprender
lo que la sociedad ha codificado en nuestra mente sin
nuestro permiso explícito.

la honestidad radical con nosotros mismos es el punto de partida.
puede ayudarnos a superar muchos complejos y ayudarnos
a ver que hay mucho margen para mejorar.
pero para llegar a la raíz del asunto, para profundizar aún más,
especialmente en el subconsciente, donde muchos de nuestros viejos
patrones están al acecho, necesitamos encontrar una práctica que nos
ayude a procesar y descargar este condicionamiento. no necesitamos
reinventar la rueda. ya hay muchas prácticas probadas que han ayudado
a miles de personas a dar verdaderos pasos adelante en su vida.
nuestra tarea es simplemente buscar y encontrar lo que funciona para
nosotros y luego comprometernos con el viaje interior.

cuando la sanación se hace profunda
a veces hay
una explosión de emoción
que se produce para limpiar
los viejos desechos energéticos

te sientes más agitado
justo antes de asentarte
en una paz más sustancial

las personas son increíblemente parecidas y diferentes al mismo
tiempo. todos tenemos la misma estructura básica
de mente y emociones, pero tenemos distintos condicionamientos
mentales porque no hay dos personas que hayan experimentado
exactamente la misma vida. los giros y las vueltas, las reacciones que
hemos sentido, las cosas que hemos entendido y malentendido, todo lo
que hemos llegado a creer, cómo nos percibimos a nosotros mismos
y al mundo, el laberinto de patrones que impactan en nuestro
comportamiento, las diferentes magnitudes de los traumas: puedes
seguir y seguir viendo que cada individuo tiene su propio mundo
interior y su historia emocional única.

como todos somos tan diferentes, lo que ayuda a una persona a sanar
puede no ayudar a otra. lo que puede parecer demasiado duro o
demasiado fácil para alguna persona puede ser una buena opción para
otra o puede ser lo correcto. por fortuna, vivimos en una época en la que
las herramientas y prácticas de sanación son cada vez más accesibles. si
lo intentamos, podemos encontrar algo que se adapte a nuestro
condicionamiento, algo que nos resulte desafiante pero no abrumador,
algo que conecte con nuestra intuición, algo a lo que estemos dispuestos a
dedicar tiempo para aprender y practicar. hay muchas opciones, desde
muchas formas diferentes de meditación hasta una amplia variedad de
prácticas terapéuticas y muchas otras modalidades de sanación.

no se trata de fingir la calma cuando
en realidad sientes emociones agitadas;
se trata de aceptar lo que es
sin añadir más tensión

es más fácil confiar en las personas que reconocen
cuando se han equivocado
y no tienen miedo de disculparse

esto es una señal de que tienen
la suficiente humildad para abrirse al crecimiento

un nuevo comienzo parte del perdón
y la confianza se profundiza en gran medida cuando
el cambio de comportamiento se vuelve consistente

ninguno de los dos sabía
cómo manejar los conflictos
sin empeorar la situación

nunca quisimos discutir,
pero siguió sucediendo
porque eso es lo que hacen los corazones
cuando se desbordan de viejos dolores

no quisimos decir las cosas que dijimos;
solo fueron un reflejo del fuego
que se intensifica cuando dos personas imperfectas
compiten para ganar

¿cuántas relaciones habrían tomado
un camino diferente si el objetivo
no fuera solo encontrar la armonía como pareja,
sino también encontrar la armonía
como individuos?

a veces nos preguntamos por qué tardamos tanto
en cambiar y sanar y por qué sigue apareciendo
el mismo tipo de emociones densas. no nos damos cuenta
de la rapidez con la que hemos acumulado patrones
a lo largo de nuestra vida, en especial en los momentos
de emoción intensa. después de años de repetir
los mismos comportamientos, lleva tiempo cambiar y adoptar
nuevas respuestas a la vida. ¿cuántas veces hemos sentido
ira, tristeza, frustración, ansiedad y más?
cuando recordamos este ciclo de repetición, nos ayuda
a fomentar nuestra paciencia mientras continuamos el proceso
de soltar lo viejo, liberando literalmente los restos
del pasado durante los momentos de sanación profunda.

una de las cualidades más importantes
que hay que desarrollar en la vida es la determinación.

en algún momento tienes que poner
los pies en la tierra y decir

«voy a moverme en esta nueva dirección
y ninguna persona
o situación va a detenerme».

las grandes transformaciones necesitan un comienzo.

una conversación real
libre de proyecciones
y flexiones del ego
es un regalo especial

la mayoría no habla para escuchar,
habla para ser escuchado

consciencia de sí mismo, desinterés
y un verdadero deseo de escuchar
son necesarios para un intercambio
mutuamente auténtico y honesto

la falta de comunicación y los conflictos se producen porque
no estamos construyendo un puente de comprensión. a menudo,
en las conversaciones acaloradas, lo único en lo que pensamos es en
nuestra propia perspectiva, en nuestras emociones o en nuestro ego. esto
limita nuestra capacidad de empatizar con la experiencia de la otra
persona, lo cual es un requisito previo para la armonía que emana de la
comprensión. uno de los mayores regalos que podemos hacernos es la
escucha desinteresada, que consiste en escuchar la verdad de alguien sin
proyectar en el otro nuestra propia emoción o historia, es decir, recibir
literalmente la perspectiva del otro con total aceptación.

en momentos especiales, podemos turnarnos para vernos
profundamente uno al otro. desde aquí vamos más allá de tener un
intercambio y pasamos a crear un *espacio de contención* mientras uno
revela su verdad. este es un nivel más alto de escucha
que implica actuar como un oyente compasivo para el otro sin
interrumpir o añadir nuestra propia perspectiva. cuando contenemos al
otro, los corazones se abren más, la verdad está lista para ser revelada, y
la vieja tensión sale a la superficie para que pueda ser vista y sostenida,
no solo por el hablante, sino también por el oyente. esta honra colectiva
de la verdad del otro puede ser increíblemente sanadora.

confío y me siento a gusto con los que no tienen miedo de ser vulnerables consigo mismos, que viven con confianza en su poder y en su gentileza, que se esfuerzan por vivir sin dañar a los demás, que se toman en serio su crecimiento y su sanación, y que tienen la humildad de decir: «no lo sé».

está bien no tener la respuesta

una de las cosas más valientes
que puedes hacer
es abrazar con valentía lo desconocido,
aceptar tu miedo, y seguir avanzando

una misión clara
no siempre tiene un camino claro

¿cuántas veces
tu mente ha tomado
un pequeño trozo
de información incierta
y ha hilado una historia alrededor de ella
que acaba consumiendo tus pensamientos?

la mente tiende a protegerse, pero una actitud
defensiva genera fácilmente ansiedad. por precaución,
nos fijamos en la información incierta y
creamos historias que pueden conducir a un miedo innecesario
y crean tensión mental. tomarnos un momento para darnos cuenta de
cuando estamos sacando conclusiones precipitadas puede ahorrarnos
preocupaciones y penas.

a través de la consciencia, podemos empezar a notar
cuando estamos pensando en exceso. el simple hecho
de redirigir nuestra consciencia del desorden mental
de los pensamientos poco confiables y volver al momento
presente puede preservar nuestra energía y disminuir
la resistencia que sentimos.

para ser claros, no hay nada malo en protegerse,
pero es útil observar con qué frecuencia adoptamos
una postura defensiva. si solo estamos
a la defensiva, es casi seguro que estemos obstaculizando
el camino a nuestra paz interior.

muchos proyectamos nuestros viejos condicionamientos
en nuevas situaciones. las reacciones se producen
con rapidez y se basan en percepciones pasadas;
hacen que sea difícil procesar lo que sucede
de forma imparcial y objetiva.
si quieres ver las cosas con claridad,
usa tu consciencia para apartar intencionadamente
el pasado y tomar una nueva perspectiva.
redirigir tu atención preserva tu energía.

consciencia es notar
el ritmo de tus pensamientos

sentir cuando son claros
y cuando están desincronizados

saber cuándo tomarlos en serio
y cuándo dejarlos pasar

no todo pensamiento es valioso;
la mayoría son solo sonidos de
reacciones emocionales impulsivas

la verdadera madurez consiste en observar tu
propia agitación interna y hacer una pausa
antes de proyectar lo que sientes en
aquello que ocurre a tu alrededor

cuando te disgusta lo que alguien ha hecho
y te revuelves en silencio en la animosidad hacia
esa persona, no sólo te estás abrumando;
estás fortaleciendo futuras reacciones de ira.
progresar es darte cuenta de que concentrarte
en lo que sucedió no puede cambiar el pasado, pero una
mente tranquila puede ayudar a tu futuro.

a veces hay que moverse despacio
para luego poder moverse con fuerza

el mundo moderno es tan rápido
que sientes la presión de seguir el ritmo

dejar de lado lo que hacen los demás
y moverte a tu velocidad natural
te ayudará a tomar mejores decisiones
y a elevar tu paz interior

pregúntate a ti mismo:

¿es así como me siento realmente,
o es mi historia emocional
la que intenta recrear el pasado?

a medida que profundizamos en la consciencia, comenzamos
a comprender que gran parte de lo que somos y de cómo
vemos al mundo se forma a través de la acumulación
de reacciones emocionales pasadas. estos momentos de
sentimientos intensos dejan su huella en el subconsciente
y nos predisponen a repetir ciertos comportamientos.

los rápidos movimientos de la mente son tan sutiles que
podemos sentirnos como si fuéramos los artífices de nuestro
destino actual. en realidad, el pasado se introduce constantemente
en el presente, inclinándonos a reproducir viejas emociones
y pensamientos. la insistencia de nuestro pasado mental
nos deja poco margen para decidir por nosotros mismos
cómo queremos sentirnos realmente. el pasado no
tiene en cuenta cómo son las cosas en realidad.

de la misma manera en que los patrones se acumulan, también
se pueden liberar. soltar es posible, pero requiere valor, esfuerzo,
una técnica de sanación eficaz y una práctica constante.
la mente es inmensamente vasta; se necesita tiempo para
desatar los viejos patrones que recrean el pasado.
cuando empezamos a desarrollar la consciencia y una mente
tranquila, las historias y los patrones incrustados en nuestro
subconsciente comienzan a emerger a la superficie para ser liberados.

cuando viajamos hacia el interior, podemos chocar con una capa
particularmente rocosa de la mente, un sedimento de condicionamiento
que ha sido densamente reforzado. cuando soltamos
las capas internas endurecidas, a menudo sentimos el impacto
de su liberación en nuestra vida personal: las tormentas
de ayer o la pesadez de momentos pasados emergen
a la superficie. podemos sentirnos como si estuviéramos al
borde de la agitación y la desarmonía mientras nos abrimos
al descondicionamiento. el verdadero crecimiento es reconocer
estos momentos y tratarnos a nosotros mismos con suavidad
mientras pasan las tormentas.

para ver tus patrones ocultos, necesitas
construir intencionadamente tu consciencia. cuestiona
tu percepción, construye un diálogo interno compasivo
y honesto, profundiza en cuáles son tus verdaderas
motivaciones y ten la humildad de saber que puedes aprender más.
la consciencia combinada con acción abre la puerta al cambio real.

la sabiduría es aceptar que hay
cosas que no se pueden forzar:

la gente cambia cuando está preparada

la creatividad se mueve a su propio ritmo

la sanación no tiene límite de tiempo

el amor florece cuando las cosas se alinean

soltar

el tiempo no cura todas las heridas; solo les da
espacio para hundirse en el subconsciente,
donde seguirán impactando tus emociones
y tu comportamiento. lo que sana es ir hacia adentro,
amarte a ti mismo, aceptarte, escuchar
tus necesidades, resolver tus apegos
y tu historia emocional, aprender a soltar
y seguir tu intuición.

a veces parece que el tiempo nos ha ayudado a sanar,
pero lo único que ha hecho en realidad es enseñarnos
a vivir con la herida. el hecho de haber dejado de pensar
en el daño del pasado no significa que esté totalmente
sanado. el paso del tiempo permite que lo que estuvo
primero a nivel consciente se hunda con mayor profundidad
en la mente en donde se convierte en una palanca silenciosa pero
poderosa que nos obliga a comportarnos de una determinada
manera. por debajo de nuestros pensamientos conscientes
permanece el impacto de un ayer nocivo.

la sanación requiere ir hacia adentro con paciencia,
honestidad y valor. si no abordamos nuestros
patrones subconscientes acumulados, simplemente
permanecerán ahí, afectando siempre a nuestra forma
de pensar, hablar y actuar. nuestras heridas y
condicionamientos acumulados limitarán nuestra
flexibilidad y harán que quedemos atrapados en un bucle
que sigue repitiendo el pasado.

el desamor no siempre es un final triste;
a veces pone en marcha una profunda
transformación. puede abrir la puerta
a que te ames de verdad, a que seas más maduro
emocionalmente y a que aprendas qué tipo de pareja
contribuiría realmente a tu felicidad.

dejar ir no significa que hayas renunciado
y no significa que ya no te importe.
tan solo significa que estás soltando
los apegos del pasado que se interponen en
el camino hacia tu felicidad y claridad mental.
dejar ir es desatar y desenredar los viejos
patrones de comportamiento que te arrastran a
una tensión mental y a una preocupación innecesarias.
cuando puedes estar bien con que las cosas no salgan
de cierta manera, la vida comienza de nuevo. hacer
las paces con el pasado te abre al amor y a
la aventura y te permite aplicar las lecciones
que has aprendido con una nueva calma.

muchos de nosotros no nos damos cuenta de
cuánto estamos sufriendo en realidad
hasta que nuestra consciencia comienza a expandirse

no vemos que nuestra felicidad tiene un techo
creado por las penas y los traumas
que hemos suprimido repetidamente

no nos damos cuenta de que nuestras reacciones
a las dificultades de la vida
nos impiden ver las cosas con claridad y limitan
nuestra capacidad de producir soluciones más creativas

no entendemos la fuerza con la que nuestro pasado
se apodera de nuestro presente

gran parte de la lucha interna se produce por no
abrazar el cambio. la tensión disminuye cuando
comprendemos que el cambio se produce en todos
los niveles, desde el atómico al biológico, y hasta
el mental. un ser humano está compuesto de partes
móviles. nuestra identidad no es diferente. es un fenómeno
dinámico, similar a un río que fluye, se mueve, se expande,
ruge, se teje, todo el tiempo con poder y todo el tiempo con el potencial
de cambiar. no te limites a una comprensión estática de quién eres.
libera tus límites condicionados y sé libre.

que todas las veces que alguien
ha hecho una suposición incorrecta
sobre ti activen un nuevo sentido
de humildad y paciencia en tu mente
que te impida hacer lo mismo
a otra persona en el futuro

pregúntate a ti mismo:

¿es real la conexión si no
hay espacio para ser vulnerable?

la profundidad de nuestras relaciones se define por
la libertad con la que sentimos que podemos transmitir
nuestro auténtico mensaje. los vínculos más profundos se mantienen
unidos por un puente de honestidad. el amor real da cabida a la
vulnerabilidad, un lugar donde podemos ser abiertos, crudos, e incluso
compartir partes de nosotros mismos que no están completamente
formadas pero que están listas para ser expresadas.

ya sea en nuestro interior o frente a alguien
cercano, la vulnerabilidad pide la aceptación
sin juicios de nuestras imperfecciones. esta es
una forma de compasión que puede ayudarnos a
observar nuestra historia bajo una luz diferente,
con la esperanza de transformar lo que antes era
una carga en una comprensión más profunda.
esta es también una forma de compasión que nos permite
aceptar las cosas como son sin tratar de cambiarlas. a veces la
vulnerabilidad solo pide ser vista y escuchada.

si estamos alejados de nosotros mismos, si no somos
honestos con nosotros mismos, y si estamos llenos
de emociones y condicionamientos no examinados,
es natural que sea difícil estar cerca de otros. es más fácil
brindar apoyo amoroso cuando nos tomamos el tiempo para
explorar nuestro propio mundo interior y para dejar ir
los patrones subconscientes que no se alinean con la forma
en que queremos mostrarnos a los demás.

¿has notado que cuando
sientes la necesidad de cambiar a
alguien, lo que realmente quieres
es que se comporte más como tú?

no puedes establecer una conexión profunda con alguien
que está desconectado de sí mismo.

cuando tenemos el hábito de ignorar lo que sentimos
o de huir sistemáticamente de nuestras partes
difíciles, se crea una distancia no solo entre nosotros
y nosotros mismos, sino también entre nosotros y los demás.
la falta de aceptación plena de todo lo que somos
puede hacer que nuestras interacciones con los demás sean
superficiales. incluso si hay un deseo de conectar profundamente
con alguien, esa conexión encontrará límites y solo alcanzará
una profundidad igual a la relación que tengamos con
nosotros mismos. nuestro grado personal de consciencia
se reflejará de forma tenue o brillante en aquellos que se crucen
en nuestro camino.

si podemos observar nuestras emociones con los brazos abiertos
y llenos de compasión, será mucho más fácil estar presentes
y apoyar a los demás cuando estén atravesando un momento
de agitación personal. si podemos abrazar nuestra propia complejidad,
tendremos paciencia mientras aprendemos más sobre las personas
cercanas a nosotros. si tenemos experiencia enfrentando nuestras
propias verdades difíciles y estando presentes a través de nuestros
altibajos personales, tendremos la fortaleza emocional para
manejar sabiamente los momentos difíciles en una relación
sin huir de inmediato.

no hay otro camino hacia una vida de plenitud,
felicidad y conexiones vibrantes, más que recorrer
a fondo los reinos de nuestro propio corazón
y mente. las áreas que permanecen sin descubrir son áreas
de fricción potencial que pueden manifestarse en nuestra propia
mente o entre nosotros y los que amamos. todo lo inexplorado
puede presentarse en forma de bloqueos que pueden detener
el flujo de la armonía.

si nos acostumbramos a la observación valiente y
a practicar la aceptación cuando las turbulencias internas
intentan atraer nuestra atención hacia partes inexploradas o no
queridas de nosotros mismos, los momentos de fricción en nuestro
interior o en nuestras relaciones no se convertirán
en bloqueos. en cambio, estos momentos difíciles se transformarán en
terreno fértil para profundizar en nuestra conexión y refinar nuestros
compromisos. dicho de forma sencilla, esforzarnos en conocernos a
nosotros mismos solo puede ayudarnos a conocer mejor a los demás.
querernos a nosotros mismos es esencial si queremos vivir una buena vida.

cuando te sientas agitado porque
crees que alguien a quien amas no está creciendo
lo suficientemente rápido, recuerda que tuviste
que ir despacio antes de poder lograr un
progreso real. manejar tus expectativas y
saber que las personas crecen a su propio ritmo
evitará que interrumpas tu paz.

apego no es:

tener deseos, objetivos
o preferencias personales

apego es:

la tensión mental que sientes cuando
no consigues exactamente lo que deseas; es negarte
a aceptar el cambio o a abandonar el control

cuando el deseo se combina con la tensión, se transforma
en ansia. el apego es cuando se empieza a desear
que las cosas sean de una determinada manera. el apego es una forma
extrema de deseo que se adhiere rápidamente a diferentes formas de
sentir y los objetos/situaciones/personas que producen estos sentimientos. el
apego es también cuando se intenta poner restricciones a los
movimientos inesperados y naturales de la realidad. es una forma
exacerbada del deseo de control.

como el buda expuso en sus enseñanzas, el ansia misma da origen al
apego. esta forma densa de aferrarse a lo que anhelamos no solo causa
una gran lucha mental, tensión e insatisfacción, sino que también nubla
nuestra capacidad de observar objetivamente lo que ocurre dentro y
alrededor de nosotros.

desear y anhelar no son lo mismo. simplemente
desear es una búsqueda natural que concentra nuestra energía.
el ansia se produce cuando el deseo se profundiza y se llena
de tensión o estrés. el estrés se agrava cuando no logramos
obtener lo que anhelamos.

el apego es, en última instancia, la fuente de nuestra lucha
mental e insatisfacción. incluso cuando nuestros
apegos logran moldear la realidad,
seguimos sintiéndonos insatisfechos porque el ansia
es un pozo sin fin. una vez que la sensación que perseguimos
ha pasado, la mente volverá a ansiar más
porque el ansia es lo único que conoce.

es importante tener en cuenta que hay una diferencia
sustancial entre anhelar y tener objetivos o preferencias.
es posible perseguir nuestras aspiraciones
sin el estrés que conlleva el ansia y el apego.
es bueno y saludable perseguir nuestros objetivos,
pero es mejor hacerlo con prudencia y
de manera que nuestra felicidad
no dependa de los logros futuros.

sabemos que algo es una preferencia
o un simple deseo cuando nuestra felicidad
no depende de su realización. sabemos que es una
preferencia cuando las cosas no suceden como queremos
y aceptamos esta realidad sin la intensidad
del dolor o la herida; sabemos que algo es un apego
cuando sentimos tensión mental, dolor y miseria al no
conseguir lo que anhelamos.

a veces el final es repentino
y te quedas sin cierre,
con el corazón roto y sin estar listo
para un cambio tan brusco

por un tiempo, vives con una mente
que está mitad aquí y mitad en el arrepentimiento,
preguntándose, «¿qué hubiera pasado si...?»

durante un tiempo, tu corazón solo siente pena
y tu mente solo ve gris

y entonces la vida empieza a llamarte de nuevo
a su terreno de posibilidades;
te recuerda que no todo está perdido
y que aunque un capítulo haya terminado,
todavía hay una historia más larga que contar

con el tiempo y la intención,
las heridas pierden su pesadez,
la sanación llena las partes duras de tu ser,
y despiertas la luz del amor dentro de ti

con el tiempo, volverás plenamente al precioso ahora
con un corazón que se siente renovado y listo para seguir adelante

¿cuántas veces todo
se derrumbó y te quedaste con la sensación
de que el mundo se había acabado?

ahora,
¿cuántas veces
después del duelo

te has vuelto a levantar,
has abrazado el poder de tu determinación
y has avanzado hacia una nueva vida?

los viejos patrones no se rinden fácilmente. tratarán de seguir
arrastrándote a reacciones que te lleven a repetir
el pasado. pero en su momento, después de no alimentarlos
durante un tiempo y de practicar continuamente tu capacidad
para pausar y responder, se debilitan y se vuelven más fáciles
de soltar. pueden seguir apareciendo como una opción
de vez en cuando, pero no tendrán la misma fuerza que antes.
este es el punto de inflexión, el giro que lo cambia todo,
el salto hacia adelante que has estado esperando, la victoria
cuando queda claro que has superado el pasado y transitas
a una nueva vida en la que has madurado lo suficiente
como para ser intencionadamente tu propia persona.

aprender a respirar
y estar bien
cuando mi mente
se siente oscura y gris

para aceptar
este momento pasajero
sin supresión
ni miedo duradero

para saber que
las nubes que me atraviesan
no definen quién soy
o quién seré

aprender el arte de soltar
ha sido la habilidad que mi mente
siempre ha buscado

ahora veo que soy un río
siempre cambiante
mientras se mueve con suavidad
en dirección a la libertad total

le preguntaron:

«¿qué es la verdadera felicidad?»

ella respondió:

«la felicidad no consiste en satisfacer todos los placeres
ni en obtener todos los resultados que se desean. la felicidad
es ser capaz de disfrutar de la vida con una mente tranquila
que no está constantemente anhelando más. es la paz interior
que viene con la aceptación del cambio».

(ser)

a menudo deseamos cambios en nuestra vida, pero
rechazamos los cambios que surgen de forma espontánea.
esta es una receta que nos servirá repetidamente
para la miseria. una mente llena de apegos ansía
el cumplimiento de su anhelo e intenta moldear
el mundo en la forma que desea.

cuando estamos controlados por nuestros apegos,
no solo perdemos nuestra paz mental, sino que perdemos
la oportunidad de disfrutar del desarrollo natural de la vida.
de hecho, todas las cosas que amamos y apreciamos existen
debido al cambio continuo. sin el cambio, la vida misma
no sería posible.

la verdadera felicidad surge cuando podemos amarnos a nosotros
mismos y al mundo y, al mismo tiempo, acogemos y apreciamos
el cambio. esto no significa que debamos vivir como rocas
y dejar que el río del cambio fluya a nuestro alrededor.
el amor nos motiva con naturalidad a intentar moldear
el mundo de forma que potencie el amor, pero la sabiduría
también nos enseña que no debemos apegarnos
a que las cosas existan de forma exacta, porque el
cambio siempre llegará.

estar bien con no estar bien
no hace que las cosas mejoren
de forma automática,

pero sí te evita
que añadas más tensión
a una situación ya difícil

estar bien con no estar bien
te ayuda a soltar

los sentimientos duros y los pensamientos agitados no pueden
apoderarse de tu vida cuando los enfrentas con tranquilidad,
aceptación y con una mente calmada. a veces estas viejas
huellas traen consigo sentimientos viscerales y ásperos
que han estado encerrados pero que de repente
tienen el espacio que necesitan para surgir momentáneamente
y evaporarse. una parte importante de soltar es sentir
sin reforzar: puedes ser honesto contigo mismo sobre las emociones
pesadas que surgen y elegir no actuarlas o empeorarlas.
si te enfrentas a las partes ásperas de ti mismo con dulzura,
se derretirán, dejándote más ligero y dándote más espacio
para actuar desde un lugar de sabiduría. todo lo que necesitas
hacer es estar bien con no estar bien durante los momentos
tensos de liberación.

abandona la idea de que necesitas
pausar tu vida hasta estar completamente sanado;
esta es una forma diferente de apegarse
a la perfección. el progreso ocurre cuando
tomas mejores decisiones en medio de la vida.
puedes sanar tu pasado
al tiempo que te abres al presente.

¿cuántas veces no has podido disfrutar
plenamente de un momento especial
porque no podías dejar de pensar
en lo que te faltaba?

cuando te encuentres en una situación inevitablemente
frustrante, trata tu energía mental
como un recurso precioso. en lugar de alimentar
tu frustración con más agitación,
que solo hará que tu mente esté más desordenada
y cansada, date cuenta de que el cambio
acabará borrando todo esto.

muchas de nuestras reacciones emocionales no tienen
que ver con lo que está ocurriendo en ese momento.
en realidad son viejas emociones acumuladas
en el pasado, patrones que surgen cuando
aparecen situaciones familiares.

la mente intenta ver el mundo de una manera
que afirme su condicionamiento. nuestra percepción toma
el presente categorizando y entendiendo lo que está sucediendo
a través de su similitud con el pasado: esto crea
un sistema de repetición que refuerza
los viejos patrones. los nuevos eventos normalmente no se perciben
en toda su claridad porque su similitud con situaciones pasadas
desencadena viejas reacciones emocionales, que
nublan con rapidez la capacidad de la mente para observar objetivamente
lo que está sucediendo. estamos viendo el hoy
y sintiendo simultáneamente todos nuestros ayeres.

cuando el trauma se convierte en parte de tu identidad
es más difícil sanar. las narrativas que definen
cómo te ves a ti mismo necesitan espacio para cambiar.
reconocer tu pasado es importante, pero también
lo es hacer el trabajo para desatar esos viejos patrones
para que puedas ir más allá de ellos. permitir
que tu sentido del yo sea fluido contribuirá a
tu felicidad. el cambio siempre está ocurriendo,
especialmente dentro de ti.

las expectativas causan una gran miseria para el individuo.
estamos constantemente creando narrativas de cómo
queremos que sean las cosas y de cómo queremos
que los demás actúen a nuestro alrededor. estas narrativas
invariablemente conducen a desilusiones porque las historias
que anhelamos a menudo se ven truncadas y rotas por expectativas
poco realistas, circunstancias que escapan a nuestro control
y por el azar del mundo exterior.

olvidamos que lo que une a todos los seres humanos es nuestra
ignorancia y nuestro margen de mejora. cada uno de nosotros
arrastra condicionamientos que nublan nuestra perspectiva.
nuestro tiempo en la tierra es una oportunidad para superar
limitaciones mentales como las expectativas implacables y
un deseo de controlarlo todo: limitaciones que
impiden la libertad y la felicidad completas.

mientras hacemos el trabajo de examinar nuestro mundo interior,
es injusto que los demás esperen que seamos perfectos
y que nosotros esperemos que los demás sean perfectos, especialmente
cuando «perfecto» a menudo significa que los demás cumplan
todos nuestros deseos. en un mundo lleno de gente imperfecta,
la paciencia y el perdón se vuelven esenciales.

es más fácil dejarse llevar
por la opinión que otro tiene sobre ti

cuando entiendas
que los demás te ven a través
de una combinación de su condicionamiento pasado
y de su estado emocional actual,

sin darse cuenta,
se ven a sí mismos primero,
y a través de esa lente obtienen
una imagen poco clara de ti

puede haber momentos en los que
sientas que mucho de lo que has comprendido
ya no tiene sentido.

esto puede hacerte sentir como
si hubieras retrocedido, pero en realidad es
una señal de que estás abriendo un nuevo espacio
a una sabiduría más profunda y a una mayor percepción.

cuando tu comprensión anterior se desintegra,
no siempre es reemplazada de inmediato
por una comprensión mayor o más profunda.
cuando te tomas en serio tu crecimiento,
a menudo te encontrarás en este
estado intermedio;
está bien vivir sin respuestas claras.

el crecimiento no consiste en forzar la comprensión,
sino en permitirla
para crecer orgánicamente.

(desprendimiento y expansión)

mientras te desprendes de los viejos programas y
tu perspectiva se expande, lo que antes
disfrutabas puede cambiar y las situaciones que antes
te causaban tensión pueden dejar de molestarte.
a medida que tu mente se vuelve más clara y ligera,
el mundo empieza a parecer nuevo. los periodos de integración,
en los que vuelves a conocerte a ti mismo,
son tan importantes como los grandes saltos hacia adelante.

el mundo es una gigantesca piscina de vibraciones en movimiento,
ondas de energía emitidas por todos los seres.
cuando cultivamos nuestra mente limpiamos nuestra vibración personal.
reclamamos nuestro poder
cuando no cedemos a lo que fluye a nuestro alrededor
y permitimos que se manifieste lo que está en nuestro interior. recuerda,
la energía que más repites
es la energía con la que te conectarás con mayor facilidad.
tu vibración brilla siempre
y afecta a tu entorno.

yung pueblo

reclamar tu poder
es darte cuenta cuando una historia
basada en suposiciones
hace que tu mente se ponga tensa
y volver intencionadamente
al momento presente
como una forma de cortar el engaño

no se trata de manejar tus
emociones; se trata de manejar
tus reacciones a tus emociones

nuestras reacciones nos dicen lo que nuestra mente ha interiorizado
sobre nuestras experiencias pasadas. son patrones densos
que surgen del subconsciente profundo para protegernos.
esta forma de defensa no se basa en la sabiduría sino
en la supervivencia. cuando empezamos a expandir nuestra
consciencia, empezamos a ver que en los momentos
de agitación tenemos opciones más eficaces que repetir
comportamientos ciegos, que producen resultados limitados que
generalmente nublan nuestra claridad y paz interior.

no estamos tratando de controlar o manejar la forma en que nos
sentimos. estamos tratando de aceptar los cambios en nuestro estado
de ánimo a medida que la mente teje a través del gran espectro
de emociones, yendo de una emoción a la siguiente,
pasando más tiempo en algunas que en otras,
pero aun así viajando por toda la experiencia humana.

reaccionamos inmediata e inconscientemente a las emociones
fuertes. nuestras reacciones no solo refuerzan la emoción
que sentimos, sino que se imprimen y acumulan
en el subconsciente, preparándonos para
reaccionar de forma similar en el futuro.

podemos manejar nuestras reacciones, no controlando
lo que sentimos, sino llevando consciencia al proceso.
es difícil cambiar si no te ves a ti mismo. la luz
de la consciencia es especialmente útil cuando
nuestra reacción a una emoción momentánea empieza
a deshacer nuestro equilibrio y claridad mental. nuestra
consciencia ilumina la oscuridad y nos ayuda a ver
más opciones e información.

cuando recordamos que las emociones
son impermanentes, como todo lo demás
en este universo, nos resulta más fácil permanecer junto
al río que es la mente humana y observar
cómo fluyen las cosas. la consciencia nos ayuda a superar
las reacciones ciegas que hacen más agitadas
las situaciones ya difíciles. sin consciencia
es difícil tomar decisiones diferentes
a las que ha tomado en el pasado.

tu reacción inicial suele ser tu pasado
tratando de imponerse a tu presente

conoce tus fuentes de rejuvenecimiento:

la cantidad de soledad que necesitas para volver a sentirte fresco

las actividades que refuerzan tu creatividad

las personas que iluminan tu espíritu

el amor entre nosotros

tres pensamientos:

las relaciones normalmente comienzan con dos personas
que quieren tratarse bien. el daño se produce
cuando alguien no sabe manejar adecuadamente
sus reacciones ante sus emociones. si crees
que *eres* tus emociones, entonces tus palabras
y acciones se parecerán a tu agitación mental.

en las relaciones, es importante comprender
que la otra persona no puede arreglar
tus problemas emocionales. a lo sumo, te puede ayudar
a descubrir y procesar su propia historia emocional.

no existe una relación perfecta,
pero hay relaciones increíbles en las que
la conexión y el apoyo mutuos son
indescriptiblemente profundos.

a veces hace falta que se te rompa el corazón
unas cuantas veces para que te independices
de formas importantes y sanas. el desamor te muestra
que tu autoestima y tu integridad
no deben depender de las palabras o del amor de otra persona.
utiliza el dolor como un mapa que te lleve
al interior para buscar tu sanación
y encender tu amor propio.

desecha la idea de que hay que estar completamente
sanado para tener una relación amorosa con una gran pareja.
normalmente nos unimos con muchos temas
sin resolver porque la sanación simplemente lleva tiempo.
las parejas que brillan con armonía son las que se comprometen
a sanarse y a crecer juntas.

las relaciones vibrantes
se sienten como un santuario
en el que estás a salvo
para llevar tu vulnerabilidad
y donde te dan mucho amor y cuidado

un hogar
que apoya por igual
el descanso y el crecimiento
libre de juicios
mientras ambos buscan evolucionar

una unión
libre de control
pero llena de
comprensión mutua

es fácil causar fricciones y daños involuntarios
en una relación cuando no te conoces a ti mismo
y has dedicado poco tiempo a resolver tu dolor pasado.
¿cuántas relaciones se han hundido bajo el peso
de traumas no procesados, de patrones insanos
y de reacciones no controladas?

una de las cosas más difíciles
sobre las relaciones en las que ambos miembros
de la pareja están abiertos al crecimiento interior
es cuando la pareja descubre
una gruesa capa de viejos
condicionamientos o traumas
en los que tiene que trabajar

lo ves luchar y enfrentarse a la tormenta
pero no puedes resolverlo en su lugar

todo lo que puedes hacer es darle espacio
y estar preparado para darle apoyo amoroso

atributos de una buena relación:

escucha desinteresada
comunicación serena
darse espacio mutuo
sólida confianza, sin necesidad de control
autenticidad, sin necesidad de actuar
descanso, risas y aventuras juntos
el amor entre ustedes es poderoso
el compromiso mutuo es claro y
flexible, no es necesario estar siempre juntos
ambos tienen el espacio para crecer y cambiar

atributos de un buen amigo:

te sientes como en casa
es honesto contigo
te recuerda tu poder
te apoya en tu sanación
tiene una presencia renovadora
mantiene una visión de tu éxito
te apoya en nuevas aventuras
te eleva con alegría y risas
saca la mejor versión de ti

las amistades que se sienten como estar en casa son naturalmente encantadoras. nos recuerdan que podemos dejar de actuar y presentarnos como nos sentimos auténticamente. los vínculos más profundos son espacios donde la vulnerabilidad es bienvenida. las buenas amistades tienen una cualidad recíproca. cuando uno de los dos tiene problemas, el otro está dispuesto a dejar espacio, a escuchar sin juzgar y con un corazón lleno de compasión. las amistades significativas contienen un vínculo que se eleva por encima de la competencia. sentimos la victoria de un amigo como si fuera la nuestra. la verdadera alegría comprensiva, la alegría que sentimos por el éxito del otro, es la ausencia de celos.

los amigos que se sienten como una familia son raros.
cuando están juntos una chispa eterna
ilumina el camino de la alegría, del aprendizaje compartido
y del rejuvenecimiento. buscan contribuir a la felicidad
del otro y se alegran de forma natural por el éxito del otro.

abandona la idea de que necesitas
encontrar una pareja perfecta o un amigo impecable.
todas las personas son imperfectas. lo que es posible
es conectar con alguien que está haciendo
su propio trabajo interior. tendrá más
práctica con la autenticidad, con dejar espacio,
y con el crecimiento intencional y la consciencia.

honestidad
+
vínculo natural
+
risa y alegría
+
verdadero apoyo mutuo
+
interacciones renovadoras
+
comunicación auténtica

=

amistad enriquecedora

algunas de las pruebas más grandes de la vida se presentan
cuando ocurren cosas difíciles en tu círculo más cercano, cuando la
familia o los amigos que tienen un pedazo de tu corazón
atraviesan una batalla sobre la que no tienes control,
cuando todo lo que puedes hacer es estar a la altura de las circunstancias
escuchando sus palabras e irradiando el amor que sientes
por ellos. aunque no te corresponde decidir cómo van a salir las cosas,
puedes apoyarlos, darles consuelo y recordarles que tu amor por ellos
es real y permanecerá intacto.

algunas relaciones no tienen comienzos
armoniosos. hay una atracción innegable
que une a los dos, pero también hay
una distancia creada por sus corazones heridos.
este espacio dentro de ellos, lleno de lo desconocido y lo no visto, causa
falta de comunicación entre ambos, fricción y a veces incluso dolor
involuntario. ¿cómo pueden tratar bien al otro si aún son un misterio
para sí mismos? el cambio se produce cuando ambos se comprometen a
volver a su interior para sanar y conocerse a sí mismos. de forma natural,
esto los acerca y eleva el amor y la ayuda que comparten.

el conflicto se agrava cuando dos personas
caen en reacciones defensivas. entonces
no se produce una verdadera comunicación,
sino que el trauma discute con el trauma.

para que se produzca una comunicación real, es necesario que cesen todas las proyecciones. dos personas no pueden verse con claridad y encontrar un terreno común si ambas piensan y hablan a través de densas nubes de emoción. muchas relaciones y amistades se rompen porque no tenemos las herramientas ni la madurez emocional para ver más allá de nuestras reacciones defensivas. cuando nos damos cuenta de nuestra propia actitud defensiva, hacemos una pausa y entramos en un espacio de claridad de pensamiento, tenemos la oportunidad de resolver un conflicto real. sin vulnerabilidad, paciencia y consciencia de ambas partes, no puede haber reconciliación.

sin escucha, honestidad y espacio para una vulnerabilidad segura, no hay comunicación. cuando elevamos intencionadamente el nivel de comunicación, el enfoque pasa de decirle al otro cómo creemos que es, a explicar con claridad nuestra propia perspectiva y cómo nos sentimos. ciertamente, podemos compartir formas de apoyarnos mejor, pero primero tenemos que aceptar la verdad del otro y avanzar a partir de ahí. el apoyo que pedimos no puede ser coercitivo; nuestra pareja tiene que comprometerse voluntariamente para que la unión sea saludable.

la lealtad ciega no alimenta a nadie

apoyar a los que amas en su ignorancia,
o peor aún, tolerar continuamente el daño
que te causan, es un grave acto de autotraición

cuando veas a tus seres queridos haciendo
el mal o caminando hacia una oscuridad más profunda,
no los sigas solo por
el viejo vínculo que comparten

no hay que hundirse juntos
no hay que quemarse juntos
no hay que estrellarse juntos

por más duro que sea,
a veces tienes que escuchar
tu sentido más profundo de bienestar
y seguir tu propio camino
para preservar lo bueno que llevas dentro

la madurez en una relación no es esperar
estar siempre en el mismo horario. no siempre se
van a sentir bien al mismo tiempo.
uno puede necesitar más descanso que el otro,
uno puede necesitar más tiempo para sanar,
uno puede adquirir nuevos hábitos más fácilmente.
las personas crecen, aprenden y se mueven
naturalmente a diferentes velocidades.

le preguntaron:

«¿qué es lo que hace que una relación florezca?»

ella respondió:

«dos personas que buscan conocerse, amarse y sanarse
como individuos tendrán una armonía que fluye
entre ellos como pareja. el control crea tensión,
pero la confianza deja espacio para la individualidad y abre
la puerta a la vulnerabilidad. la comunicación tranquila,
los compromisos claros y la voluntad de contribuir a
la felicidad del otro, hacen que la unión sea más fuerte».

(una relación vibrante)

el amor rejuvenece
cuando las parejas
se preguntan de vez en cuando

«¿cuál es la mejor forma en la que puedo
contribuir a tu felicidad?»

una pareja que apoya tu poder no tiene precio;
alguien que aprecia tus opiniones,
que tiene fe en tus sueños y sabe que puedes
lograr grandes cosas. reconoce que eres
íntegro como individuo, pero está listo para complementar
tu vida con su amor y dedicación. juntos
comparten la responsabilidad del liderazgo,
con honestidad suave y comunicación abierta,
a menudo se aseguran de que entienden
al otro y hacen lo posible por fortalecer su unión.

una relación sana
es cuando dos personas se turnan
por igual para dar el paso
cuando el otro está pasando por
un momento difícil

cada uno es capaz de escuchar
y de dar espacio

cada uno es lo bastante consciente
como para observarse a sí mismo
y no proyectar en el otro

encontrar una pareja que no tenga miedo a crecer.
si están preparados para darse cuenta de sus patrones,
para soltar sus viejos condicionamientos y expandir su
perspectiva, estarán listos para entrar en una
relación vibrante. dos personas que trabajan
para conocerse y amarse a sí mismas como individuos
profundizarán de forma natural en su amor y comprensión
hacia el otro. el crecimiento
viene con altibajos, pero también
es la clave de una mayor armonía.

caminamos juntos por el tiempo
tomados de la mano
mientras el mundo cambia
viviendo en amor
mientras crecemos como individuos
encontrándonos a mitad de camino
cuando nuestra juventud da paso a la madurez

amar a la gente
no significa
permitir que te lastimen

amarte a ti mismo y a los demás
de forma incondicional
es el equilibrio entre
protegerte
y dar a los demás

encontrar una pareja que se comprometa
a apoyarte en los buenos momentos y en
los momentos difíciles de crecimiento y sanación.
unirse como personas imperfectas puede ser un reto.
la imperfección a veces puede causar
conflictos involuntarios, en especial cuando uno
atraviesa por un momento de agitación interior.
la paciencia, la comunicación tranquila y la escucha
desinteresada hacen que las parejas superen la tormenta.
el conflicto disminuye cuando ambos se vuelven hacia adentro
y se enfocan en la construcción de la propia consciencia.

abandona la idea de que tu pareja
puede hacerte feliz. puede ser un gran
apoyo, tratarte bien y aportar muchas
cosas buenas a tu vida, pero la felicidad
solo es sostenible cuando proviene del interior.
depende de ti crear tu percepción,
sanación, crecimiento y paz interior.

encuentra una pareja que pueda apreciar tu complejidad.
los viejos condicionamientos del pasado, los patrones de
comportamiento, las emociones cambiantes, tus verdaderos
objetivos y la guía de tu intuición: esta combinación fluida
se une para crear lo que eres. cuando te enfocas en crecer
y soltar, hay muchas capas que remover y desprender.
el verdadero amor consiste en encontrar una nueva armonía
a medida que ambos evolucionan, y se toman el tiempo para
comprobar y encontrar un nuevo equilibrio a medida que
sus gustos y aversiones se alinean con su reciente crecimiento.

el amor real no siempre es glamuroso;
se trata de estar ahí cuando cuenta
como cuando tienes un día difícil
y tu pareja se sienta tranquilamente a tu lado
tomándote de la mano
escuchando atentamente
mientras revelas tus preocupaciones
tus luchas internas
y tus sueños más luminosos

las relaciones tardan en florecer. algunas personas
esperan una armonía intensa de inmediato, pero
la armonía no es posible sin un conocimiento profundo
de los gustos, las aversiones, la historia emocional
y los objetivos del otro. cuanto más conoces al otro,
más se afina el ritmo juntos. la comunicación
ayuda a canalizar el amor que sienten en formas
claras de contribuir a la felicidad del otro.
la perfección no es una opción, pero sin duda
pueden construir una sólida unión en la que ambos
se sientan seguros, comprendidos y amados.

cuando se inicia una discusión
el objetivo debe ser llegar
a una comprensión mutua

es útil tomar consciencia de la tensión interna
que afecta a tu razonamiento

observa tu nivel de apego
explícate con claridad
escucha con paciencia

encuentra el equilibrio entre honrar tu verdad
y reflexiona sobre la perspectiva de tu pareja

y recuerda que el éxito
es que ambos se sientan escuchados

la madurez en una relación no consiste en esperar
que tu pareja sea feliz constantemente. los altibajos
son naturales. dar al otro espacio para sentir
emociones pesadas mientras permanecen atentos y se apoyan
de forma activa es un signo de amor real. las relaciones
no consisten en resolver todo para el otro; consisten en
experimentar los momentos gozosos y los momentos difíciles
como un equipo y amarse a través de los cambios.
a veces tu pareja necesita atravesar por su propio proceso
para emerger más ligera y libre que antes.

¿cómo podemos tener una conversación real
si cada vez que hablamos veo en tus ojos
que mis palabras no te llegan? se detienen
en una narrativa que has creado sobre mí
basada en quien fui hace muchos años.

crea conexiones profundas, no apegos profundos

con la proximidad viene la posibilidad
de conexión. si estamos en contacto cercano
con alguien, existe el potencial de que florezca
una alineación intuitiva. después de pasar un poco de tiempo
con alguien, podemos desear pasar más tiempo con esa persona.
o simplemente podemos seguir nuestro camino.

a medida que la conexión se profundiza, también lo hace el deseo
de tratar bien al otro. pasamos de ser extraños
a convertirnos en conocidos partidarios de la felicidad
del otro. incluso dentro de las familias y de las amistades,
los lazos que experimentamos se construyen sobre la conexión.
la conexión se basa en la capacidad innata de la mente
para amar. sin embargo, la mente también contiene un fuerte
impulso de deseo, que acaba condicionando nuestras percepciones
ante lo que encontramos y nuestras reacciones
ante lo que sentimos.

las conexiones profundas que sentimos hacia nuestros seres queridos
suelen estar envueltas y mezcladas con apegos,
no porque queramos dificultar las cosas,
sino porque la mente tiene una fuerte tendencia
a ansiar y controlar. los apegos nublan el verdadero amor
que emanan las conexiones profundas. los apegos crean mucha
resistencia en las relaciones porque se interponen en el camino
de la libertad individual.

no hay nada malo en querer ciertas cosas en una relación,
pero debemos resistirnos a coaccionar a los demás.
en cambio, debemos construir vías sólidas de comunicación
honesta y tranquila para que ambas personas
se sientan claramente comprendidas. es a través de esta
mutua comprensión compartida que cada individuo
se compromete voluntariamente a contribuir a
la armonía de la relación.

un amor sin apego no es un amor sin compromiso.
los apegos son intentos de control
marcados por una profunda tensión interior; los compromisos
voluntarios son intentos de propiciar la felicidad
y la armonía marcados por la generosidad.

basa tu relación en una comunicación clara
y en compromisos voluntarios, no en expectativas

con demasiada frecuencia, nos guardamos nuestras expectativas para
nosotros mismos o solo insinuamos parcialmente lo que queremos. no
nos damos cuenta de que sería mejor explorar las formas en que
deseamos que nos apoyen mediante una comunicación clara.
cuando somos directos con los demás sobre lo que necesitamos
para sentirnos seguros y amados, les damos la oportunidad
de mostrar que están allí para nosotros.

todos somos diferentes. incluso cuando compartimos una conexión
clara sobre la que podemos construir, necesitamos conocer
los gustos, las aversiones, las fortalezas, las luchas emocionales
pasadas y los patrones de reacción del otro.

la comunicación de nuestras necesidades, deseos e
historia emocional personal proporciona a ambas personas
la información que necesitan para entenderse mejor
y la oportunidad de sentir la voluntad natural de comprometerse
y decir: «estas son las áreas en las que puedo hacer todo lo posible para
satisfacerte. esta es mi mejor versión para estar contigo».
de este modo, transformamos nuestras expectativas privadas
en oportunidades de compromiso.

la diferencia aquí es sutil pero importante.
hay mucha más armonía en una relación
cuando nadie intenta tener el control de la misma.
las expectativas son a menudo apegos para moldear
los resultados, y pueden dejar a uno o ambos miembros
de la pareja sintiéndose acorralados e impotentes. la libertad
entre las personas, en las relaciones y fuera de ellas, se basa
en el entendimiento y en los compromisos voluntarios,
situaciones en las que nadie se siente obligado a ser
de un cierto modo. cuando transformamos nuestras
expectativas en oportunidades de compromiso,
estamos cultivando la libertad en nuestras relaciones.
incluso cuando se practica una comunicación clara
y un compromiso voluntario, debemos estar atentos a los
comportamientos manipuladores. el deseo de control
puede reaparecer de forma silenciosa, a veces incluso
inconscientemente. sabes que los compromisos voluntarios
se están respetando cuando puedes decir libremente que no a
una petición sin resistencia, sobre todo si se siente fuera
de los límites de tu seguridad/comodidad/objetivos personales.
no toda petición será respondida con un sí, sobre todo
cuando ambos miembros de la pareja están creciendo
y cambiando. en su esencia, los compromisos voluntarios
deben ser opcionales.

no hay nada malo en saber cuáles son tus necesidades en una relación,
pero se satisfacen mejor cuando las comunicas de forma clara
y *cuando coinciden con lo que el otro está dispuesto a hacer*
por ti por su propio deseo de apoyarte.
cuando los miembros de la pareja se comprometen mutuamente por
voluntad propia, crean un espacio para que la armonía fluya
con abundancia en la relación.

encuentra una pareja que pueda darte el espacio
que necesitas para ser tú mismo. es saludable
tener diferentes intereses, gustos y aversiones.
no es necesario que se conviertan en la misma persona
para demostrarse su amor. sabrás que procuran la felicidad
del otro cuando ambos sientan que pueden ser su yo más verdadero.
recuerda, la confianza florece en la ausencia de control,
y las relaciones vibrantes deben sentirse como
un equilibrio entre libertad y hogar.

tu pareja debe aceptarte tal y como eres,
pero también ayudarte a sentirte lo suficientemente seguro
para hacer el trabajo profundo de sanación y crecimiento

no porque quieran cambiarte,
sino porque su presencia te da energía
y te inspira a florecer
hacia una mayor madurez emocional

no se trata de encontrar la perfección en otra persona;
se trata de darse cuenta cuando encuentras
una conexión innegable que nutre tu ser
y coincide con el tipo de apoyo que buscas.
perderse en la idea de perfección es un estorbo
cuando dos personas aceptan sus imperfecciones
y se comprometen a convertirse en una mejor versión
de sí mismas, experimentarán de forma natural
una mayor felicidad en la relación.

encuentra una pareja que esté dispuesta a asumir
compromisos claros. ambos saben que contribuir a la felicidad
del otro no es un misterio, es el arte de la comunicación
combinado con la acción. lo que necesitan el uno del otro
cambiará con el tiempo. construyendo una cultura de
comprobación periódica, su unión se mantendrá armoniosa
y vibrante. la forma en que se aman, confían, y muestran compasión
por el otro eleva su relación a un espacio en el que ambos
pueden profundizar en la sanación personal. el verdadero amor
no teme el cambio, abraza el nuevo crecimiento
y se ajusta en consecuencia.

tener conversaciones sin suposiciones o
proyecciones acerca a la pareja. turnarse
para escuchar realmente, siendo compasivos para reflejar
la perspectiva del otro, revisarnos intencionadamente
durante la conversación para ver si estamos siendo honestos
y claros: todo esto marca la diferencia y construye una armonía real.
cuando ambos miembros de la pareja tratan de incorporar un
alto grado de presencia en sus interacciones con el otro,
sientan las bases para que el verdadero amor se eleve
por encima de la discordia y para que la comprensión
enfríe el fuego de la confusión.

no se trata de encontrar una pareja que tenga
una madurez emocional impecable; se trata
de encontrar a alguien que pueda igualar tu nivel
de compromiso, no solo dentro de la relación,
sino el compromiso de sanarse a sí mismo
para poder amar mejor, ver con más claridad
y tener una mayor presencia.

encuentra una pareja ante quien no tengas que actuar.
cuando ambos están comprometidos con la honestidad y muestran
una compasión activa por el otro, no hay necesidad
de comportarse de una manera que no sea genuina. el amor verdadero
acoge las cambiantes emociones del otro con los brazos abiertos.
aunque los dos estén dedicados a convertirse en la mejor versión de sí
mismos, también entienden que no todos los días serán buenos
y que no todos los pasos serán un avance. estar en una relación
con un alto grado de autenticidad y delicadeza
permite a ambos miembros de la pareja bajar la guardia
y sentirse en casa.

las amistades más profundas
se revelan en los momentos de crisis

cuando tu mundo se tambalea,
un amigo se levanta y enfrenta la tormenta contigo

cuando las cosas no se ven bien,
traen su luz para recordarte
que vienen días mejores

cuando te sientes desafiado,
te ayudan a ver tu poder

algunas amistades son tan profundas
que cuando pasan tiempo juntos
es como si se hubieran deslizado
a otra dimensión:

un espacio donde ambos se sienten libres y seguros
para compartir las versiones más reales de sí mismos,

un hogar donde el tiempo se detiene y la alegría
brilla sin límites.

un amigo insustituible es alguien que:

valora mucho tu confianza
aprecia tu honestidad
se siente como si fuera de la familia de forma natural
te sigue queriendo mientras cambias
le resulta fácil reírse contigo
te da espacio en los momentos difíciles
contribuye a tu felicidad y seguridad
te ayuda a creer en tu propio valor
te inspira a quererte y a conocerte a ti mismo

la verdadera madurez en una relación es permitir
que tu pareja sepa cuando tu mente se siente
densa antes de que tus pensamientos encuentren
una forma de culparla por tu tensión;
hablar abiertamente cuando estás experimentando
confusión te permite saber que está ahí
y a tu pareja saber que es momento
de apoyarte o de darte espacio.

algunos amigos ocupan un lugar especial
en tu historia. estaban allí cuando
los tiempos fueron difíciles, te vieron con claridad
cuando otros no lo hicieron, creyeron en ti
antes de que tú creyeras en ti mismo.
los lazos que los unen son valiosos
y fácilmente pueden durar toda la vida.

el amor verdadero te aceptará tal como eres,
pero también te ayudará a sentirte cómodo
para desprenderte de lo viejo y transformarte
en tu mejor yo. muchos llegan a una nueva relación
medio sanados y medio heridos.
una mezcla de crecimiento y supervivencia.
cuando la conexión es genuina, y propicia
compromisos claros, cada persona puede empezar
a profundizar en su sanación individual,
para desplegar y liberar las capas/historias que están
esperando en lo más profundo. el progreso en la sanación
personal eleva en última instancia el gozo mutuo de la relación.

creciendo

con el tiempo empiezas a ver cambios.
tu mente se vuelve ligera, los árboles se ven
brillantes, el aire que respiras empieza a sentirse
como alimento para nuevas oportunidades, y la vida
adquiere un patrón de colores nítidos. seguirá
habiendo altibajos y aún habría mucho que aprender,
pero ahora estás tranquilo y no temes las viejas tormentas,
que parecen pasar más rápidamente. una nueva consciencia
surge para recordarte con suavidad que tu poder
te pertenece y estás listo para impulsarte
hacia la paz y la visión liberadora.

prepárate para conocer una nueva versión
de ti mismo cada vez que te desprendes
de otra capa de viejos traumas, condicionamientos o dolor.
a medida que sueltas, tus perspectivas e intereses
cambiarán. la transformación es natural
mientras recorres el camino hacia una mayor consciencia,
felicidad y paz.

el objetivo no es sanar
y luego comenzar tu vida.
el objetivo es aceptar la sanación
como un viaje de por vida y permitir
conexiones genuinas
que surjan orgánicamente
en el camino.

la sensación de agotamiento emocional es común
después de abrirse profundamente o después de experimentar
una serie de emociones exacerbadas durante un periodo de tiempo
prolongado. prepárate para tomarte el tiempo de tranquilidad
y soledad que necesitas para recuperarte por completo.
puedes no ser serio todo el tiempo.

la verdadera valentía es escuchar a tu intuición
incluso cuando la sociedad y las personas de tu vida
te aconsejen lo contrario

muchos consejos provienen del miedo,
la gente desea que te quedes con el rebaño
y que seas normal

asumir un riesgo calculado no es una imprudencia;
es una intrepidez

no pienses en los extremos; la respuesta rara vez es
todo o nada. la acción hábil consiste en encontrar
caminos incluso en medio de opciones contradictorias.
las soluciones se encuentran yendo más allá
de lo superficial y entrando en lo sutil. entiende
que la vida es la integración de la complejidad.
todo es situacional y multilineal.
encuentra el camino de en medio y desafíate
a pensar más profundamente.

da amor, pero no te desgastes
sé prudente, pero no te vuelvas pasivo
ten paciencia, pero no te conformes con menos
confía en ti mismo, pero no seas arrogante
ábrete al amor, pero no fuerces la conexión
ten objetivos, pero no persigas cualquier antojo

yung pueblo

en caso de duda, recuerda que tienes:

el poder de decir no
la autenticidad de ser tú
la paciencia para continuar
la fortaleza para seguir intentándolo
el valor para aceptar el cambio
la intrepidez para dar desinteresadamente
la sabiduría para cultivar la paz interior
el coraje para cumplir tus aspiraciones
la apertura que hace crecer las amistades
la consciencia para seguir tu intuición
la inteligencia para no repetir el pasado

le preguntaron:

«¿qué significa soltar?»,

ella respondió:

«soltar no significa borrar un recuerdo
o ignorar el pasado; es cuando ya no reaccionas
a las cosas que antes te hacían sentir tenso
y liberas la energía ligada a ciertos pensamientos.
hace falta consciencia, acción intencional, práctica
y tiempo. soltar es el acto de conocerse tan profundamente
que todas las ilusiones se desvanecen».

(presencia)

no se trata de esperar que tu pareja
te haga feliz; se trata de comunicarle
claramente las mejores formas en que
puede apoyarte mientras viajas a tu interior
para encender tu propia felicidad

no es posible borrar los recuerdos
ni cambiar el pasado, pero sí se pueden detener
los viejos patrones de comportamiento, disminuir
la intensidad de las reacciones a ciegas, aprender
a aceptar el cambio, aceptar todas las emociones
que surjan, crear consciencia y fortalecer
los buenos hábitos. la sanación es acción
intencionada más tiempo.

yung pueblo

es difícil que veas tu progreso
cuando estás profundamente
inmerso en el proceso

antes de dejar que la duda
tome el control

examina cuánto
has crecido y logrado
retrocediendo un paso mentalmente
para que puedas ver el panorama completo

nos sentimos tan seguros con los que amamos
que a menudo compartimos con ellos
nuestra tensión, nuestro estrés, nuestro miedo,
nuestra tristeza,
e incluso nuestra ira

pero recordemos también
darles la mejor versión de nosotros mismos,
nuestra alegría y felicidad, nuestro entusiasmo
y paz, nuestra atención y cuidado

la gratitud te hace feliz
el apego te hace luchar
la dulzura revela sabiduría interior
la dureza revela agitación interior
la calma propicia las buenas decisiones
la soledad propicia la transformación

cosas esenciales para el crecimiento:

descanso suficiente
más aprendizaje
honestidad consistente
construir nuevos hábitos
dejar las viejas historias
decir no a los viejos patrones
creer que tú puedes
decir sí a quienes te apoyan
examinar tu historia emocional
encontrar una práctica para sanar el dolor del pasado
dedicar tiempo a crear consciencia

a menudo nos pasamos el tiempo viviendo para el mañana,
buscando ansiosamente resultados que solo pueden llegar
con la lenta acumulación de esfuerzos constantes. especialmente en lo
que respecta a nuestra propia transformación personal, olvidamos que la
construcción de nuevas formas de ser no se produce con rapidez ni con
facilidad. un templo de paz robusto, con unos cimientos fuertes que
puedan resistir las tormentas, no aparece de la noche a la mañana.

nuestro afán de anticipar el futuro se interpone en nuestra
consciencia del presente. una mente que está medio en el futuro se
consume parcialmente en un sueño: un sueño que solo puede hacerse
realidad a través de honrar lo que está frente a nosotros en el aquí y
ahora.

cada respiración que hacemos ocurre en el presente.
cada avance en nuestro crecimiento ocurre en el presente.
la sabiduría que proviene de sentir la verdad de la naturaleza
solo puede acumularse dentro de nosotros a través
de nuestra observación del presente. incluso cuando examinamos
con toda razón el pasado o planeamos el futuro,
la información útil que recibimos e integramos nos llega en el presente.

cuando nos ponemos objetivos, establecemos el escenario
para el crecimiento. a partir de entonces, en los momentos que pasan,
aprovechamos las oportunidades para alinear nuestras acciones de
manera que nos encaminen en dirección a nuestras aspiraciones. pero si
no honramos y apreciamos cada pequeña victoria, si no sentimos gratitud
por actuar de la manera que favorece nuestra transformación, entonces
nos faltará la práctica para apreciar en plenitud el logro de nuestros
objetivos más grandes.

recuerda, anhelar siempre resultados específicos es una forma de
esclavitud que no solo limita nuestro progreso, sino que refuerza nuestra
incapacidad de sentir gratitud. lo contrario de anhelar más es una
gratitud que dice «sí» y «gracias» al presente.

no necesitas
una pareja para sentirte completo
no necesitas
tener todo resuelto para sentirte exitoso
no necesitas
estar completamente sanado para sentir paz
no necesitas
ser completamente sabio para sentirte feliz

aceptarte tal como eres
refuerza tu valor y
disminuye la resistencia de tu mente

aceptarnos tal y como somos facilita el avance
hacia una versión mejor de nosotros mismos.
el crecimiento personal sostenible requiere
equilibrio. si odiamos lo que somos, el trabajo será más lento,
la aversión aumenta la resistencia mental.
aunque aceptar dónde estamos con honestidad radical
puede ser difícil, igual que puede ser duro reconocer nuestros defectos,
incluso ante nosotros mismos, es el primer paso importante
para el cambio real.

si podemos aceptar nuestras imperfecciones y comprender
que nuestros condicionamientos limitan nuestra percepción de la
realidad, esto nos permite comenzar más fácilmente el trabajo de
deshacer el pasado que está incrustado en la mente.
hay un camino intermedio en el que podemos reconocer las
características que queremos desarrollar sin añadir
la tensión de la aversión a nuestro autoanálisis.
aceptarnos no significa complacencia;
es el comienzo de un viaje hacia una mayor claridad mental
y amor por nosotros mismos y por todas las personas.

uno de los signos más claros del crecimiento personal
es un mayor amor propio, una mayor consciencia y un amor
más grande por todas las personas. el trabajo interior no pretende
convertirnos en ermitaños ni hacernos más egocéntricos. si solo
reservamos nuestra bondad para nosotros mismos, entonces algo no va
bien. si realmente intentamos que aumente nuestra paz y sabiduría
interiores, entonces también crecerá nuestra capacidad de empatía y
compasión por los demás.

el trabajo interior nos hace más fuertes y al mismo tiempo
aumenta nuestra humildad. reclamamos nuestro poder
y seguimos más fácilmente nuestra vocación, pero también
reconocemos lo falibles que pueden ser nuestras percepciones
y lo mucho que nos queda por aprender.

cuando vamos hacia adentro, nos damos cuenta de lo mucho que la
sociedad nos ha condicionado, ha creado cambios sutiles en nuestras
preferencias y ha formado lentamente nuestros prejuicios inconscientes.
pensamos que somos imparciales, pero el registro de nuestro pasado,
es decir, todas las interacciones que hemos experimentado y todos los
medios que hemos consumido: siempre está influyendo en nuestros
pensamientos y acciones. la verdadera libertad es la capacidad de
observar el mundo sin permitir que nuestro pasado personal se imponga
con lo que encontramos. en su mejor nivel, la objetividad y el amor
desinteresado se hacen uno. la práctica hace la diferencia.

los verdaderos amigos saben que tienes una gama de expresiones,
estados de ánimo y múltiples aspectos de tu carácter

te aceptan tal y como eres
y no quieren que actúes

saben que la autenticidad no es
ser la misma persona una y otra vez;
es permitirte que cambies
mientras navegas por la vida

sana al ritmo
que sabes que es el adecuado para ti

lo que funciona para alguien más
puede no ser lo que tú necesitas

cada persona tiene
una historia emocional única

la incomodidad es parte del crecimiento,
pero la incomodidad constante
no es saludable

el amor propio es equilibrar el trabajo interior serio
con el descanso y la tranquilidad

los momentos de lentitud son comunes
después de un periodo de crecimiento serio

no hay que temerlos
sino aceptarlos como oportunidades
para conocer al nuevo tú

a medida que maduras, liberas tantas capas
que a veces cambias de forma radical,
y tu mente y tu cuerpo se sienten como un nuevo hogar

los momentos lentos son de renovación
e integración de las recientes lecciones aprendidas

pero un ritmo lento a menudo encuentra
una manera de probar cómo has crecido;
este es un momento importante para observar tu progreso
y notar dónde necesitas trabajar más

la paz interior no es:

sentirte perfectamente todo el tiempo
o no preocuparte por lo que sucede

la paz interior es:

sentirte y estar con tus emociones
sin reaccionar a ellas; es la calma
que surge cuando aceptas el cambio

seis cosas facilitan la paz interior:

no tener miedo al cambio

amabilidad con los demás

honestidad con uno mismo

acciones intencionadas

consciencia

gratitud

la vida es difícil
y está llena de desafíos inesperados

aun así, pregúntate:

¿cuánto estrés y tensión mental
te estás causando innecesariamente
al crear suposiciones
y reproducir miedos en tu mente?

¿con qué frecuencia te niegas a soltar
y a adaptarte cuando las cosas cambian?

¿cuánta de tu agitación interior
es autoimpuesta?

dejemos de tratarnos como máquinas.
no pasa nada si alguien no responde de inmediato
a tu correo electrónico. no esperes respuestas
rápidas a cada mensaje de texto. el internet y
las redes sociales han aumentado de forma incisiva
las exigencias de tu energía personal.
sé humano y tómate tu tiempo.

en este momento en que tantos se esfuerzan
por llamar la atención de los demás, ahórrate la
agitación volviendo hacia tu interior y encendiendo
tu propia autoestima. las redes sociales pueden
ser un vehículo de inspiración o pueden intensificar
tus inseguridades. sé consciente de cómo el contenido
que consumes está impactando en tus emociones.

una de las cosas más difíciles de decir no
es que tiene el potencial de molestar a los demás.
si conoces tu camino y aquello en lo que necesitas centrarte,
tienes que ser consciente de tus límites.
ahorra tu energía para poder cumplir los objetivos
más importantes de tu lista. aquellos que estén en sintonía
con el trabajo interior entenderán y respetarán
tu derecho a decir no.

por unos días perdí el rumbo
y el pasado volvió a rugir

cubriendo mis ojos mientras los viejos
impulsos se apoderaron de mi mente

me dejé atrapar
por el huracán del ayer

parecido a mi viejo hogar
recordando sus muros y límites

sintiendo una vez más todas las razones
por las que decidí seguir adelante

la alegría estaba vacía
y lo que una vez fue divertido se desvaneció

no podría vivir cómodamente en un hogar
demasiado pequeño para mi reciente expansión

sentí una inmensa ola de culpa
por haber dado unos pasos atrás

pero entonces me di cuenta
de que reexperimentar
estos viejos patrones y formas de ser
era la motivación que necesitaba
para cerrar por fin la puerta
y dejar de alimentar las acciones
que solo me llevan a caminar en círculos

le preguntaron:

«¿qué es la verdadera libertad?»

ella respondió:

«la libertad es claridad mental combinada con
paz interior. la libertad es cuando puedes ver
sin proyectar y cuando puedes vivir sin causarte
tensión mental o estrés innecesarios.
existe siempre que no estés deseando más.
la felicidad y la libertad son una».

(una mente clara)

revisa tu interior de vez en cuando
haciéndote estas tres preguntas:

¿es ésta la dirección en la que quiero avanzar?

¿mis elecciones recientes contribuyen a mi felicidad?

¿qué puedo cambiar para favorecer mis objetivos?

practicar las fuerzas de la tierra

ten una naturaleza generosa
arráigate en tu propósito
mantente firme en tiempos de agitación

cultiva las cualidades del agua

muévete por la vida con suavidad
ten acceso a tu poder en todo momento
la flexibilidad y la persistencia aumentan el éxito

encarna las enseñanzas del fuego

transmuta lo que experimentas en luz
sé suficientemente fuerte para tener límites claros
sé consciente de cuándo necesitas más combustible

interioriza los valores del aire

libera tus expectativas
acepta el movimiento constante del cambio
ver no lo es todo; sentir es esencial

(balance)

madurez emocional
es saber la diferencia
entre tus necesidades reales
y tus antojos temporales

tus necesidades te ayudan a vivir
en un nivel óptimo
y contribuyen a tu felicidad

los antojos son un reflejo
de tu agitación y apegos;
te dejan insatisfecho
y con ganas de más

complicar demasiado la sanación es algo
que hay que tener en cuenta. no necesitas pensar demasiado
en tu pasado ni repetir cada trauma en tu mente.
la consciencia tiene más que ver con el momento presente:
si puedes verte con claridad ahora,
es más probable que actúes con sabiduría. la mejor manera
de acceder a tu pasado y sanarlo es no huir de ti mismo
en el momento presente.

recibir consejos no solicitados es una de las mejores pruebas
y un buen momento para revisarte a ti mismo.

¿lo dicen en mi beneficio o en el suyo propio?

¿este consejo conecta con mi intuición?

¿puedo seguir tratándolos con paciencia y compasión
aunque sus consejos me parezcan innecesarios?

una de las habilidades más difíciles de dominar
es decirse a uno mismo que no a fin de
elevarse y crecer hacia un mejor yo:

no a las distracciones o a la falta de coherencia

no a los patrones y formas de ser
que solo llevan al pasado

no a hacer solo lo que es fácil

no a la duda y al miedo

una nueva vida

el poder es visible en los movimientos suaves

las barreras se doblan y caen cuando interactuamos
con los demás a través de una invitación
y no de presión

la amabilidad tiene una cualidad conmovedora

porque conlleva una calidez que dice:

«no me interesa hacerte daño»

arriésgate

elige la dirección que sientas
que arde en tu intuición

la vida es una oportunidad única;
puedes aprovecharla al máximo
cuando te elevas por encima del miedo

caminar por la senda poco común
no es una victoria segura,
pero te da la posibilidad
de una mayor realización

cuando empezó a dejarse llevar, su visión
se hizo más clara. el presente se sintió
más manejable y el futuro empezó a
abrirse y a llenarse de brillantes posibilidades.
mientras se despojaba de la tensa energía del
pasado, su poder y creatividad regresaron.
con entusiasmo renovado, se concentró
en construir una nueva vida
en la que abundan el gozo y la libertad.

tus relaciones mejoran drásticamente
y la tensión en tu mente disminuye de forma significativa
cuando tan sólo puedes aceptar a las personas
por lo que son en lugar de fijarte en cómo
deberían de cambiar para ser más
parecidas a ti

seis signos de madurez:

estar abierto a la vulnerabilidad, al aprendizaje y a soltar

ver más perspectivas que las propias

aceptar la responsabilidad de tu felicidad

priorizar las prácticas que te ayudan a crecer

detenerte a pensar en lugar de reaccionar

ser honesto contigo mismo y con los demás

cultiva tu humildad
al cuestionar tu percepción
cultiva tu humildad
al no despreciar a los demás
cultiva tu humildad
al no hacer suposiciones
cultiva tu humildad
siendo generoso a menudo
cultiva tu humildad
aprendiendo de los demás

cuatro maestros que dan clases gratuitas:

cambio

agua

soledad

ser

yung pueblo

si siempre estoy deseando
tengo poco tiempo para ser

solo siendo
puedo sentir la paz verdadera

madurez es sentir alegría
por el éxito de otro

una mente atrapada en la competencia
que siente una silenciosa amargura
cada vez que alguien consigue algo que anhelas,
es una señal de que todavía estás en guerra contigo mismo

acaba con la agitación y las resistencias
amándote y conociéndote más profundamente

incluso después de sanar traumas significativos
y viejos condicionamientos, no serás feliz
todo el tiempo. es natural que tu estado
de ánimo suba y baje. lo que sí cambia
es que reaccionas menos a los viejos estímulos
y cuando tu mente se siente agitada
no caes con facilidad en los patrones del pasado.

juzgarte por el primer impulso
que surge en la mente es injusto

eso es tan solo una copia de lo que fuiste en el pasado

lo que decides hacer intencionadamente
da forma a lo que eres e influye en lo que serás
en el futuro

recuerda: pausa, piensa, actúa

yung pueblo

una conversación honesta y profunda
con un buen amigo es a veces el alimento
preciso que necesitas para recuperar la claridad,
levantarte, enfrentarte al mundo y reanudar
tu misión con una energía nueva y enfocada

tres señales de un buen amigo:

no tienes que actuar ante ellos

te dan espacio para tus luchas

se alegran genuinamente por tu éxito

el progreso es reconocer dónde estás
y dónde quieres estar sin permitir
que la brecha te cause tensión mental.
en todo caso, debería inspirarte
a seguir avanzando con paz
y con diligencia. tener objetivos sin apegos
produce resultados más rápidos.

duele viajar en el tiempo

de una persona a otra
esta pesadez indeseada
va del pasado al presente y
luego al futuro

una de las cosas más heroicas
que alguien puede hacer es romper la frontera del dolor

cuando la gente se sana a sí misma,
impide que el dolor se multiplique
y sus relaciones se vuelven más saludables

cuando las personas se sanan a sí mismas,
también sanan el futuro

la forma en que la gente te percibe
refleja más su mecánica interna
que tus acciones

no puedes controlar cómo piensan y viven los demás,
pero puedes ser intencionado
sobre la energía que pones en el mundo

habrá quien pueda malinterpretarte,
pero lo que más importa es
lo que tú entiendes

los verdaderos cambios se revelan lentamente.
todo este trabajo de soltar y construir consciencia
da vida a una sensación nueva y fresca. cuando miras
al mundo, observas una vitalidad revigorizada
que brilla con la oportunidad de una vida mejor.
utilizas el poder de la elección, incluso cuando tus
patrones intentan jalarte hacia una vieja dirección.
aprendes el valor de aceptar las emociones que surgen
y de estar bien cuando no estás bien; esto permite
que los momentos de agitación pasen con tranquilidad
dejando tu mente más ligera y tus ojos más claros.
abrazas una vida de crecimiento y la verdad
del cambio para que la paz interior se convierta
en tu nuevo hogar.

yung pueblo

la felicidad es ser capaz de disfrutar
de las cosas por las que has trabajado
sin ponerte a pensar
en lo que le falta
o en lo que quieres a continuación

decir no es una señal de progreso
decir no es una señal de compromiso
decir no es una señal de poder

decir no puede ayudarte a cumplir tus objetivos
decir no puede favorecer tu salud mental
decir no puede acercarte a las personas adecuadas

yung pueblo

en un mundo que cambia
y crece cada vez más rápido,
la calma interior es tu activo más valioso

el tipo de calma en el que puedes confiar
cuando hay agitación a tu alrededor

el tipo de calma que te ayuda
a respirar profundamente y tomar buenas decisiones
cuando es el momento de actuar

la calma ayuda a la mente a ver con claridad

la comparación refuerza tu ansiedad

la paciencia crea espacio para el crecimiento

la ira enciende las reacciones basadas en el miedo

la alegría aparece en el momento presente

para liberar un rencor o una historia
que está afectando a tu percepción

recuerda que lo que estás viendo
es limitado y no puede incluir todo
el contexto de la situación

lo que crees que ha pasado no es el final;
la historia sigue

no se trata de tener pensamientos ligeros
y amables todo el tiempo;
se trata de no alimentar los pensamientos
densos y mezquinos. literalmente dejarlos
pasar sin permitir que echen raíces
y que controlen tus acciones.

a medida que nos adentramos en una sabiduría más profunda, nos sentimos motivados por un creciente sentido de la compasión hacia nosotros y hacia los demás. es más fácil comprender a los otros y lo que impulsa sus acciones cuando entendemos nuestro propio mundo interior.

a medida que nuestro pensamiento consciente evoluciona, nos volvemos más amables con nosotros mismos y con los demás. una nueva positividad amorosa surge al liberar la tensión del ego y permitir que la claridad se manifieste: la esencia de nuestra propia sanación.

sin embargo, esta gentileza y positividad no debe confundirse con una transformación completa.
podemos ver signos de una nueva claridad que emerge, pero debemos recordar que la mente es vasta, y el subconsciente, donde se almacena la mayor parte de nuestra historia emocional, alberga mucho que todavía necesita ser liberado.
estamos en una situación en la que nuestros patrones de pensamiento consciente pueden haber cambiado para mejor, pero nuestros pensamientos subconscientes, los que a veces surgen espontáneamente, todavía están llenos de la pesadez y la dureza de las viejas costumbres.

esto no quiere decir que debamos forzarnos a pensar de una manera determinada o a rechazar ciertos pensamientos. simplemente debemos ser conscientes de que esta falta de trayectoria lineal es una parte natural del proceso de sanación y, en cambio, centrarnos en cultivar los hábitos y las prácticas que nos ayudan a transformarnos.

lo que ocurre cuando te abres a la sanación y al crecimiento
es que, una vez que algunos temas se disuelven,
las capas más profundas tendrán el espacio que necesitan
para salir a la superficie para que las observes y liberes. hay mucho más
acumulado en el subconsciente de lo que podemos comprender
inicialmente. por ello soltar es un compromiso a largo plazo.
es posible llegar a un lugar mucho más feliz mientras sigues
trabajando para procesar y deshacer viejos patrones.

un sólido amor propio
te ayuda a encontrar el equilibrio
entre dar desinteresadamente
y protegerte del daño

encontrarnos a nosotros mismos puede llevarnos a la confusión
porque lo que somos siempre está cambiando

encontrarnos a nosotros mismos puede ser complicado
sin que haya una sanación profunda

es más beneficioso centrar nuestros esfuerzos
en *liberarnos* de la carga del dolor del pasado
y de los patrones que no sirven a nuestra felicidad

mientras purificamos nuestro ser,
mientras liberamos la pesadez que habita en nuestro interior,
todo lo relacionado con nosotros mismos
y lo que debemos hacer con nuestro tiempo se vuelve
más claro

nuestras aspiraciones más profundas se hacen evidentes
cuanto más eliminemos las densas nubes del
ego que envuelven nuestra consciencia

los apegos son expertos
en esconderse a plena vista;
la mente puede creer que ve con claridad,
pero sus percepciones suelen estar sesgadas.

solo en ausencia de ego
hay una observación objetiva.
a medida que el «yo» disminuye,
la sabiduría tiene espacio para ser.

cuando crees algo,
no observes su progreso
con apego y ansiedad

créalo y suelta

entrégalo al mundo y déjalo ser

estresarte por el resultado
e irradiar vibraciones de agitación
no te ayuda ni a ti ni a tu trabajo

sabes por tu propio crecimiento
que el cambio real es posible

incluso quienes han causado mucho daño
tienen este mismo potencial dinámico

algunos pueden cambiar más rápido que otros
pero la verdad sigue siendo la misma

con la motivación interior adecuada
cualquiera puede llegar a ser
una mejor versión de sí mismo

el futuro te agradecerá por haber escuchado
a tu intuición, por mantener los límites que
apoyan tu crecimiento interior, por decir no
a las cosas que no se alinean con tus valores,
por dedicar tiempo a construir tu consciencia
y por mantenerte fiel a tu visión.

es importante
que te entiendas a ti mismo

pero la mayor sanación
no es un proceso intelectual

se trata más bien de sentir
sin tratar de evitar

la forma en que actuamos está muy influenciada
por los patrones subconscientes que controlan
nuestra percepción de la realidad

la forma en que sentimos está profundamente afectada
por nuestra historia emocional pasada, emociones densas
que hacen todo lo posible por recrearse en el presente

lo que vemos solo puede ser objetivo
y claro cuando observamos, aceptamos y soltamos
lo que esperaba en silencio en lo profundo de nosotros

cuando nos elevamos por encima del pasado y utilizamos
nuestro esfuerzo para responder a la vida de forma intencionada,
teniendo la perseverancia para construir hábitos más sabios, abrimos la
puerta con mayor amplitud a vivir de una forma nueva

el malestar emocional que sentimos cuando nos abrimos
a dejarnos llevar no siempre está directamente
relacionado con un acontecimiento particular duro o traumático.
gran parte de nuestro condicionamiento se genera en momentos
aparentemente pequeños y cotidianos. las reacciones de celos,
ira, duda y baja autoestima son fácilmente olvidadas por la mente
consciente, pero pueden acumularse en el subconsciente
de forma que nos preparan para volver a sentirlas.

en una época de incertidumbre e imprevisibilidad,
estas cualidades te harán la vida más fácil:

una fuerte determinación
la voluntad de seguir creciendo
la paciencia para escuchar a tu intuición
la capacidad de adaptarte a los cambios inesperados
el conocimiento de lo que fortalece a tu paz interior
el conocimiento de tus valores
y la capacidad de atenerte a ellas

se crea una vida exitosa
con dos palabras: «sí» y «no»

tener el valor de decir «sí»
solo cuando se sienta bien

y «no» a los viejos patrones
que no te sirven

mientras tus acciones intencionadas
comienzan a cambiar
y tus auténticos sentimientos
empiezan a mutar

tus pensamientos pueden necesitar
de un tiempo para ponerse al día

céntrate en ser el «tú» más maduro y más paciente
y los viejos patrones perderán su fuerza

tus pensamientos se alinearán por fin
volviéndose más apacibles y verdaderos

no esperes la perfección de ti mismo
aunque hayas hecho un gran
trabajo interno

el progreso es actuar de forma intencionada
más a menudo de lo que se actúa a ciegas

y no castigarte a ti mismo
porque todavía tienes espacio para crecer

permite que los errores informen pacíficamente
su proceso de crecimiento y aprendizaje

se puede decir que la humanidad está madurando
porque cada vez somos más los que decimos no al daño

nos tomamos el tiempo
de examinar nuestros prejuicios,
trasladando nuestro amor de
ser selectivo a incondicional
y ampliamos nuestra idea
de lo que es posible

muchos nos sanamos a nosotros mismos
y ayudamos activamente a sanar al mundo

en muchos sentidos, el ser humano es un microcosmos
del mundo. el condicionamiento que se ha acumulado
con el tiempo dentro de la mente es paralelo a los sistemas
que se han convertido en dominantes dentro de la sociedad humana.
los patrones reactivos de comportamiento que se han repetido y
reforzado a lo largo de nuestra vida como individuos
reflejan la rigidez y el lento cambio de la sociedad en general.

nuestra mente es como es, en gran parte, debido
a las innumerables reacciones defensivas
que hemos repetido a sabiendas y sin saberlo. al igual
que nuestra mente, nuestro mundo sufre de este patrón.
históricamente, las personas en posiciones de poder
han tendido a actuar a ciegas, permitiendo que el miedo
y el trauma del pasado informen su presente.

como saben quienes han profundizado en el trabajo interior,
se necesita tiempo y consciencia para romper con el pasado.
se necesita la repetición de comportamientos positivos y nutritivos
que trabajen contra el flujo de la ignorancia y el miedo.
más que nada, se necesita una acción intencional que surja de la
consciencia para romper con los viejos hábitos que nos impiden
prosperar. este proceso también ocurre a nivel colectivo. las personas
deben pensar y sentir juntas antes de pasar a la acción contra los
sistemas nocivos.

la importancia del amor propio y de la autoaceptación
en el trabajo de transformación personal es fundamental. esta
es la energía que nos permite aceptarnos completamente a nosotros
mismos y avanzar con menor resistencia hacia formas de vida más sanas.
de la misma manera, la humanidad está experimentando una expansión
de la compasión. cada vez más gente reconoce que su amor tiene límites y
trabaja para ampliarlo e incluir a todas las personas.

antes de que se produzca la sanación, los principales motivadores
de la mayoría de los seres humanos son el deseo y la aversión. La
acumulación de deseo y aversión a lo largo de la historia han formado la
sociedad que conocemos hoy en día. todo ello se mantiene bajo un
sistema de economía miope y basado en la codicia que amenaza nuestra
capacidad de vivir bien en nuestro planeta. colectivamente, aún no hemos
aprendido a aceptar nuestras diferencias y a tratarlas sin miedo, ni
hemos dejado de intentar cambiarnos y controlarnos mutuamente.
Y todavía estamos trabajando para pensar a largo plazo.

trabajar para crecer en compasión y disminuir el control que el ansia y la aversión tienen sobre nuestros comportamientos es esencial, pero también debemos lidiar directamente con los sistemas e ideologías nocivos que han surgido de estas condiciones. nuestra tarea como personas del siglo veintiuno es abrazar la complejidad que es inherente a la experiencia del individuo y de la humanidad. si podemos aceptarnos a nosotros mismos profundamente y tomar medidas en nombre propio y de todos los seres, podremos reorganizar el mundo en un lugar donde todos puedan florecer y ejercer su poder de forma segura.

las personas que trabajan en su sanación,
los que tienen un nuevo amor en su corazón,
más consciencia de sí mismos en su mente,
una mayor capacidad para manejar sus reacciones,
que están deshaciendo activamente sus patrones y prejuicios,
están ayudando a crear un mundo mejor.
su compasión crea un cambio real.

te preguntarás: ¿qué es lo primero, el trabajo
interior o el trabajo para hacer del mundo un lugar
mejor? la respuesta es que ambos pueden ocurrir
al mismo tiempo. todos somos profundamente imperfectos
y estamos llenos de condicionamientos que nublan la mente.
el trabajo interior es un viaje de toda la vida, por lo que no debemos
esperar hasta llegar al «final» de nuestra sanación para ayudar a los
demás. practica tus nuevos hábitos y sánate a ti mismo mientras
trabajas para deshacer la opresión a gran escala. moverte contra la
opresión es la empatía convirtiéndose en uno con la acción.

el trabajo interior que realizamos contribuye a un mayor movimiento
hacia un mundo mejor. cada uno fortalece al otro.
el trabajo interior nos ayuda a elevarnos por encima de nuestros viejos
condicionamientos para que disminuyamos el daño que recreamos en
nuestras interacciones. el trabajo exterior de la acción colectiva hace que
la compasión sea estructural: nos ayuda a construir un mundo en el que
las personas puedan sentirse seguras y a tener sus necesidades
materiales satisfechas sin dañarse directa o indirectamente unas a otras.
la consciencia que se convierte en acción colectiva es la medicina que
necesita esta tierra.

la verdadera comunicación se produce cuando cesan las proyecciones y estamos dispuestos a escucharnos unos a otros de forma desinteresada. esto es más posible cuando nos comprometemos con nosotros mismos en profundidad, trabajamos activamente en la sanación de nuestro antiguo dolor y trauma, y nos familiarizamos con nuestros patrones. cuanto más nos conozcamos a nosotros mismos, mejor podremos conocer a los que nos rodean. la comunicación es fundamental para cualquier movimiento: es la forma en que enfocamos nuestro poder y decidimos colectivamente nuestra dirección.

tres fuentes de dolor:

juicio

expectativas

apego

tres fuentes de sanación:

compasión

compromiso

observación

parte de conocerte a ti mismo
es tomarte el tiempo para comprender
la sociedad en la que vives

los mensajes directos e indirectos
que absorbes a medida que creces
entran silenciosamente en la mente
y se endurecen en un condicionamientos
que afectan tu perspectiva

sin saber
desarrollas prejuicios implícitos

sin análisis crítico
el pasado se arraiga en tu pensamiento

sin consciencia y amor
es difícil vivir con compasión

depende de nosotros prever y promulgar una nueva norma
para la sociedad, para comprender profundamente el valor de la vida
humana, de modo que el trato compasivo de todas las personas se
convierta en el principio rector que dicte la forma en que diseñamos
nuestras comunidades, instituciones y naciones.

nuestro mundo ha caído en los extremos. la avaricia,
la competencia, el individualismo y la toma de decisiones
con poca visión de futuro han creado un mundo de abundancia para
algunos y un mundo de lucha para la mayoría. estamos desequilibrados.
vivimos dentro de sistemas que se empujan unos a otros y que fácilmente
causan formas directas e indirectas de daño. todavía no sabemos cómo
ganar juntos o cómo vivir bien sin dañar nuestra tierra.

afortunadamente, la humanidad está en proceso de maduración.
somos jóvenes, pero estamos más abiertos que nunca a aprender,
crecer y reorganizar nuestro mundo. *depende de nosotros hacer que la
compasión sea estructural*. crear una sociedad inclusiva en la que las
personas no se queden atrás por sus diferencias, sino que sean abrazadas
y estén al centro para que todos puedan prosperar.

es innegable que podemos mejorar nuestra situación
global actual. para llegar a un mejor mañana, debemos
comprender la complejidad de hoy. cuanto más profunda
sea nuestra comprensión, más claras serán nuestras acciones.
debemos aceptar la historia; enfrentarnos a ella directamente
sin dar la espalda. debemos examinar dónde las sombras
de la historia producen la opresión actual. si podemos aceptar
la realidad actual de la experiencia humana, podremos posicionarnos
mejor para deshacer las estructuras que no sirven al bien común.

las fuerzas del racismo y del heteropatriarcado existen a nivel
interpersonal y estructural. afectan a nuestras instituciones y frenan
insidiosamente el flujo de la compasión en nuestra mente. tenemos que
cuestionar nuestro sistema económico actual y apoyar una mayor
distribución de la prosperidad material. ninguno de nuestros sistemas
durará para siempre; nada lo hace. el hambre, la pobreza, la falta de
acceso a una buena escolarización y a la asistencia sanitaria son
problemas estructurales que podemos superar: elevar el nivel para que la
gente deje de sufrir en el plano material no es un imposible; es solo una
cuestión de voluntad. colectivamente, tenemos la riqueza y el
conocimiento para lograrlo. lo que nos falta es un mayor sentido de la
compasión incondicional. la sociedad nunca será perfecta, pero eso no
debe impedirnos hacer más humana nuestra realidad compartida. cuando
nos comprometemos a acabar con el daño y a contribuir a la prosperidad
de los demás, todos los individuos se benefician.

nuestra tarea es pensar y actuar de forma más colectiva
al tiempo que apoyamos la libertad del individuo. normalizar
el trato humano de todas las personas. ampliar nuestra idea de los
derechos humanos para incluir la capacitación económica.
soñar y actuar a lo grande. ser los líderes que deseamos que existan.

tenemos el poder de reorganizar el mundo y hacer
que la compasión sea estructural.

imagina un mundo donde el amor guíe a la sociedad

la gente no pasaría hambre ni estaría en peligro
los cuerpos se sentirían seguros y las mentes plenamente alimentadas
se escucharían las voces y se respetarían las diferencias

los conflictos se resolverían
sin violencia ni terror
todos tendrían acceso
a las cosas que necesitan para prosperar

compartir
escuchar
decir la verdad
no perjudicarnos unos a otros
ser amables con los demás
limpiar lo que ensuciamos

las lecciones esenciales que nos enseñaron de pequeños
serían tomadas en serio por los adultos y tejidas en una
nueva cultura global

sal al encuentro de los otros con auténtica compasión.
vive con amabilidad intencionada. cultiva la paz con tus manos
y palabras. sé generoso con tu bondad. permite que los demás
compartan la abundancia de un corazón que se dedica
a la buena voluntad. estas son maravillas del espíritu humano,
acciones que son más fáciles de realizar por corazones sanados. estas
formas de ser no solo ayudan a nuestra mente a instalarse en la paz
interior, sino que crean espacios más seguros en un mundo que siempre
está entrando y saliendo de la confusión. llevar tal bondad al mundo
beneficiará a muchos y traerá sus propias e innumerables recompensas.

es en beneficio de tu paz interior
no dañar a los demás

deja que esta verdad se instale en tu mente
y despierte cuando las cosas se pongan difíciles

cuando pienses que
la venganza calmará tu corazón
o borrará el dolor que has sentido

recuerda

cuando pienses
que contagiando la agitación que sientes
se aliviará el fuego que arde dentro de ti

recuerda

cuando pienses
que hacer la vida más difícil al otro
vengará tu dolor

recuerda

es en beneficio de tu paz interior
no dañar a los demás

permite que esta verdad se instale en tu mente
y despierte cuando las cosas se pongan difíciles

les mando amor a todos

Claridad y Conexión de Yung Pueblo
se terminó de imprimir en enero de 2022
en los talleres de
Litográfica Ingramex S.A. de C.V.,
Centeno 162-1, Col. Granjas Esmeralda, C.P. 09810,
Ciudad de México.